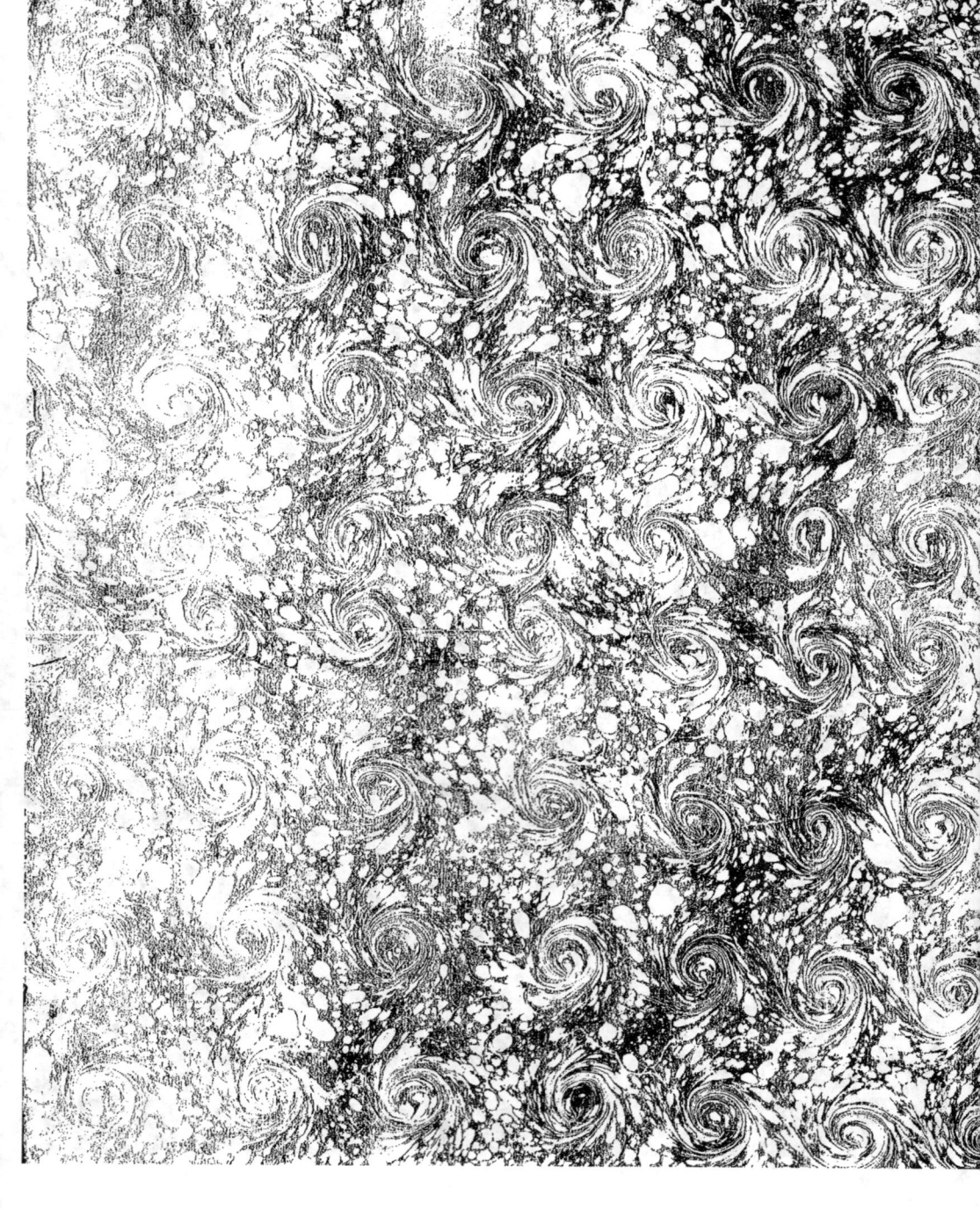

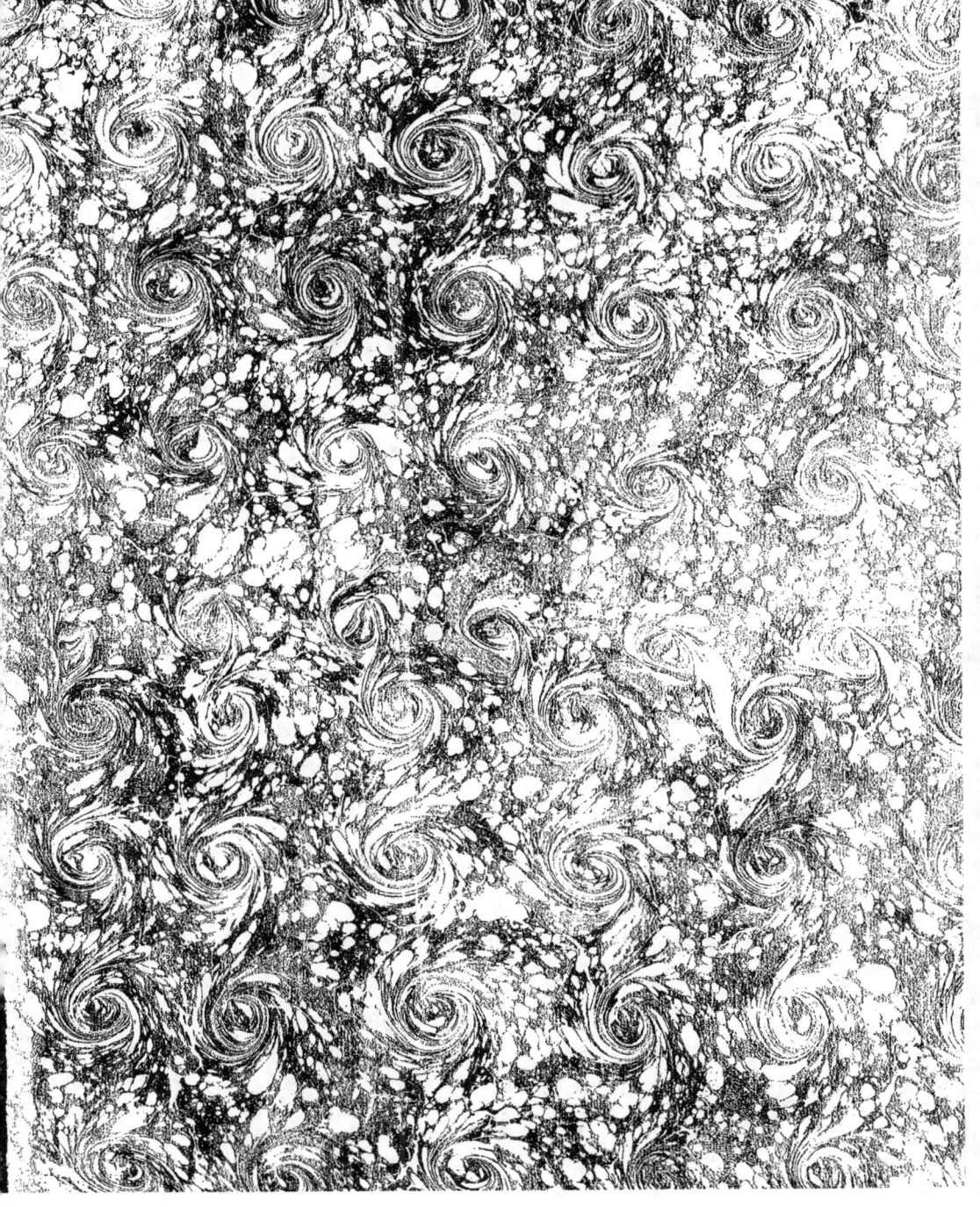

TABLEAUX
DU CABINET DU ROY.

STATUËS
ET BUSTES ANTIQUES
DES MAISONS ROYALES.
TOME PREMIER.

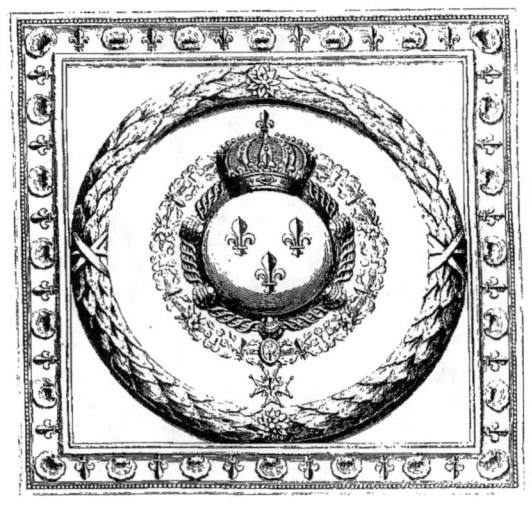

A PARIS,
DE L'IMPRIMERIE ROYALE.

M. DC. LXXVII.

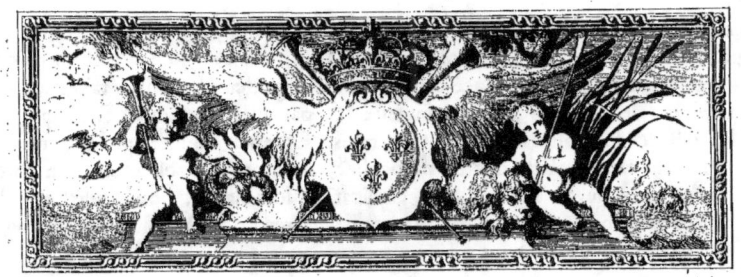

TABLEAUX
DU CABINET DU ROY.

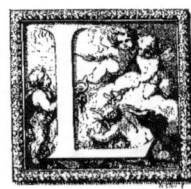A Graveûre qui se fait aujourd'huy sur le cuivre avec le burin & avec l'eau forte, est une invention des derniers siécles. On doit d'autant plus l'estimer, que les Anciens n'en ayant eû aucune connoissance, nous avons cét avantage de pouvoir rendre plus durable une infinité de choses qu'ils n'ont peû nous laisser, pour avoir ignoré un Art si beau & si utile. Car par le moyen de plusieurs Estampes qui se tirent d'une seule Planche, l'on perpetuë, & l'on multiplie presque à l'infini un Tableau qui demeureroit unique, & qui ne pourroit subsister qu'un certain nombre d'années. De-sorte qu'entre tant d'excellens Ouvrages que le Roy fait faire, il est tres-certain que les Planches que l'on grave doivent tenir un rang considerable. C'est par elles que la posterité verra un jour sous d'agréables Figures, l'histoire des grandes actions de cét Auguste Monarque, & que dés-à-present les Peuples les plus éloignez joüissent aussi-bien que nous des nouvelles découvertes que l'on fait dans les Académies que Sa Majesté a établies pour les Sciences & pour les Arts. C'est encore par le moyen de ces Estampes que toutes les Nations admirent les somptueux Edifices que le Roy fait élever de tous costez, & les riches ornemens dont on les embellit. Et parce que les Tableaux & les Statuës dont ce Grand Prince a fait faire une curieuse recherche, sont d'un prix inestimable, & d'une singuliére beauté, Sa Majesté a bien voulu encore que Celuy qui a soin d'exécuter ses ordres, choisît les plus excellens Graveurs de son Royaume pour les graver, & en faire un Recueïl, afin que par le moyen des Estampes que l'on tirera, ces mesmes Ouvrages aillent eux-mesmes, s'il faut dire ainsi, se faire voir aux Nations les plus reculées, qui ne peuvent pas les considerer icy en original. Comme il faut beaucoup de temps pour graver, & pour mettre ensemble les Estampes d'un aussi grand nombre de Statuës & de Peintures, qu'est

A

celuy dont les Maiſons Royales ſont enrichies, on a jugé à propos d'en faire pluſieurs parties & differens volumes, que l'on mettra au jour à meſure qu'on y travaillera. On a commencé celuy-cy par vingt-deux Eſtampes faites ſur les Tableaux de differens Peintres fameux, & par dix-huit autres Eſtampes de Statuës & de Buſtes antiques tres-rares. Et pour donner quelque intelligence de chaque Eſtampe en particulier, on a creû devoir mettre au commencement de ce Recueïl une explication ſommaire, non-ſeulement du Sujet repreſenté, mais encore de ce qui peut regarder l'hiſtoire de l'Ouvrage, & l'Auteur qui l'a fait.

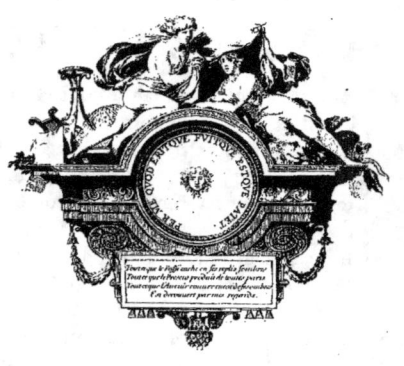

I. *TABLEAV.*

LA VERTU HEROÏQUE VICTORIEUSE DES VICES. *Du Correge.*

LE fujet de ce Tableau eft tout mifterieux & emblematique. On voit que le Corre-ge qui en eft l'auteur, a voulu reprefenter la Vertu Héroïque victorieufe des Vices. Il eft aifé de la reconnoiftre à fa contenance & à fes veftemens. D'une main elle tient une Lance brifée, & de l'autre un Cafque. Elle foule fous fes pieds les Vices, qui paroiffent fous la forme de divers Monftres. A fes coftez font deux Figures de Femme, dont l'une reprefente les Vertus Morales, fçavoir la Prudence par le Serpent qui eft dans fa coiffeû-re; la Force par une peau de Lyon fur laquelle elle eft affife ; la Juftice par l'Efpée qu'elle tient d'une main ; & la Temperance par une Bride qu'elle tient de l'autre. L'autre Figure de Femme qui eft accompagnée d'un jeune Enfant, & qui d'une main montre le Ciel, & de l'autre femble avec un Compas prendre des mefures fur un Globe, eft vray-femblablement mife là pour l'Encyclopedie des Sciences. Derriére la Vertu Héroïque eft une jeune Femme qui a des aîles au dos: d'une main elle tient une Palme, & de l'autre une Couronne de Laurier qu'elle met au deffus de la tefte de la Vertu. Cette Figure reprefente la Gloire qui couronne la Vertu Héroïque. L'on peut croire que le Peintre ne l'a mife ainfi derriére, que parce qu'elle ne va jamais devant ; mais au contrai-re, qu'elle fuit toûjours les grands Hommes, & court mefme aprés ceux qui la fuïent, quand ils l'ont méritée par leurs belles actions. Ces trois Figures qui volent en l'air, & qui paroiffent dans une grande lumière, font des Renommées qui publient en diverfes maniéres les loüanges deüës à la Vertu.

L'ordonnance, les expreffions des vifages, & la difpofition des lumiéres font les par-ties que l'on peut davantage confiderer dans cette Eftampe, mais qui paroiffent avec beaucoup plus d'éclat dans la peinture, parce que la partie principale du Correge, & celle dans laquelle on peut dire qu'il a excellé, a efté le maniment du pinceau, & la belle entente des couleurs ; & bien que ce Tableau ne foit qu'à détrempe, il ne laiffe pas d'eftre peint avec beaucoup de force. Il eft du nombre de ceux que le fieur Jabac a vendus au Roy. Il les avoit achetez en Angleterre, où aprés la mort funefte du Roy Charles I. le Parlement, qui vouloit diffiper tous les meubles de ce Prince, les fit vendre publiquement. Le Roy d'Angleterre les avoit eûs du Duc de Mantoûë, qui avant que fa Ville fuft pillée par les Imperiaux, prévoyant ce qui arriva , luy vendit pour deux millions de livres de Tableaux, de Statuës, & autres raretez.

II. *TABLEAV.*

JESUS-CHRIST PORTÉ AU SEPULCRE. *Du Titien.*

CE Tableau qui reprefente Noftre Seigneur que l'on porte au Sepulcre, eft affeû-rément un des plus beaux que le Titien ait peint, & vn des mieux confervez qui fe voyent de cét excellent homme. Il y a dans cét Ouvrage tant d'art & tant de feu, qu'on peut aifément juger qu'il la fait dans la vigueur de fon âge, & lors qu'il avoit encore la main fort libre. Il n'y a rien qui merite tant d'y eftre confideré, que la diftribu-tion des couleurs, & la conduite des jours & des ombres: auffi eft-ce la partie dans la-quelle ce grand Peintre a excellé. Mais comme l'on ne peut bien faire ces remarques qu'en voyant la Peinture mefme, il faut confiderer dans cette Eftampe ce qui regarde l'ordonnance, le deffein, & particuliérement l'expreffion.

Tout ce qui doit paroiftre dans vn corps mort eft parfaitement exprimé dans la figure du Chrift, où l'on voit une pefanteur dans tous les membres qui tombent, & qui n'ont plus de foûtien.

B

Les Figures qui portent ce corps font connoiftre par leur action la peine qu'elles fouffrent. Bien que la Vierge foit couverte d'un manteau , & qu'elle ne foit veüë que de profil, on ne laiffe pas de remarquer fur fon vifage les effets d'une douleur exceffive. La mefme paffion paroift encore dans la Magdeleine & dans toutes les autres Figures; mais ce qui eft admirable dans cét excellent Ouvrage, eft l'harmonie des couleurs, & la belle union des differentes teintes qui s'y rencontrent. Ce Tableau a efté vendu au Roy par le fieur Jabac, qui l'avoit acheté en Angleterre. Il vient du Duc de Mantoüë comme le précedent.

III. TABLEAV.

JESUS-CHRIST A TABLE AVEC DEUX DE SES DISCIPLES
DANS LE CHASTEAU D'EMAÜS. *Du Titien.*

LOrs que l'on confidere dans l'Original de cette Eftampe la beauté des couleurs, la charmante conduite des lumiéres, & tout ce qui regarde cette rare partie de la peinture que le Titien a poffedée fi parfaitement, on y trouve une infinité de chofes dignes d'eftre étudiées; fur tout les expreffions des vifages y font admirables. Il eft vray qu'il ne faut pas dans cét Ouvrage examiner ce qui regarde la convenance que l'on doit garder dans toutes fortes de Sujets felon le temps & les lieux où l'hiftoire s'eft paffée, & que c'eft affez mal à propos que le Peintre a peint un des Difciples avec un Chapelet à fon cofté. Mais les Peintres Lombards n'ont point confideré cette partie, & ne font pas mefme exempts de blâme pour l'avoir trop negligée. Ce Tableau a fans doute efté fait par le Titien dans la force de fon âge, de mefme que le précedent. Il vient auffi du fieur Jabac, qui l'eût en Angleterre, où il avoit efté apporté de Mantoüë comme les autres dont il eft déja parlé.

IV. TABLEAV.

LE MARTIRE DE SAINT ESTIENNE. *D'Annibal Carache.*

LE nom d'Annibal Carache fuffit pour donner du prix à cette Eftampe : mais fi le feul nom de ce fameux Peintre fait que l'on a de la veneration pour tout ce qui eft forti de fes mains, c'eft que tous fes Ouvrages font d'un fi grand merite, qu'il fuffit de fçavoir qu'un Tableau eft de luy, pour eftre perfuadé de fon excellence. En effet, l'on n'en voit point qui foient indignes du nom de leur Auteur. Bien que fa premiére maniére ne foit pas d'un gouft de deffein auffi grand que ce qu'il fit aprés avoir travaillé dans Rome, il y a néanmoins une beauté de couleurs, & un maniment de pinceau qui marque l'étude qu'il avoit faite aprés le Correge & les autres grands Peintres de Lombardie. Le Tableau fur lequel on a gravé cette Eftampe n'eft pas plus grand que l'Eftampe mefme : cependant il eft travaillé avec tant d'art & de foin, qu'il ne paroift pas moins achevé dans toutes fes parties, que fi les Figures eftoient grandes comme le naturel. Il eft aifé de juger fur l'Eftampe de la noble difpofition du Sujet, des expreffions differentes de toutes les Figures fi convenables à l'action qui fe paffe; de la force & de la grandeur du deffein qui paroift dans toutes les parties artiftement touchées. Mais il n'y a que la peinture qui puiffe bien faire juger de l'entente des couleurs, & des lumiéres qui font fi fçavamment & fi judicieufement conduites & répanduës dans cét Ouvrage, qu'on le peut confiderer comme un des plus beaux morceaux qui foit forti de la main d'Annibal Carache, & qu'apparemment il a fait avec un amour & un foin tout particulier. Il fut apporté de Rome par Monfieur le Marquis de Rambouillet, & en fuite donné au Roy par Monfieur le Duc de Montaufier.

V. TABLEAV.

L'ASSOMPTION DE LA VIERGE. *D'Annibal Carache.*

OUTRE la difpofition admirable de toutes les Figures qui compofent cét Ouvrage, on doit y confiderer tres-particuliérement la grandeur & la noblefle du deffein, puifque c'eft une des parties qui le rend recommandable. Cette fierté & cette force qui paroiffent dans les airs de tefte de tous les Apoftres, merite encore que l'on y faffe attention, & qu'en examinant leurs bras, leurs mains, & leurs jambes, & de quelle maniére ils font bien articulez ; on regarde auffi jufques aux moindres plis des draperies, dont l'étude eft tres-neceffaire à ceux qui font profeffion de cét Art: Mais fur tout la figure de la Vierge qui eft enlevée, demande une application toute particuliére. Son attitude fi fagement & fi noblement difpofée au milieu de ce groupe d'Anges qui femblent la porter au Ciel, & qui la regardent avec un profond refpect. Le vifage éclairé de cette augufte Mere du Fils de Dieu, fi rempli de joye, & fi couvert de gloire; Enfin fon action & fes veftemens mefmes, fourniffent à tout le monde de-quoy méditer fur l'excellence de cét art, & de-quoy admirer toûjours la force & la beauté du génie d'Annibal Carache qui en eft l'auteur. Ce Tableau fut acheté à Rome par le fieur du Charmoy Secretaire de Monfieur le Marefchal de Schomberg, lequel ayant non-feulement un amour tresgrand pour la Peinture & pour la Sculpture, mais encore une connoiffance tres-parfaite de ces beaux arts, travailloit dans l'un & dans l'autre avec un heureux fuccés. Aprés fa mort le fieur de la Feüille amateur des belles chofes, eut ce Tableau à fon inventaire, & depuis il la vendu au Roy avec plufieurs autres, dont le Cabinet de Sa Majefté a efté embelli.

VI. TABLEAV.

HERCULE TUANT L'HYDRE. *Du Guide.*

DE tous les Eleves des Caraches, le Guide a efté le plus gracieux dans fa maniére de peindre; & mefme l'on peut dire, que pour la beauté des airs de tefte, il n'y a gueres eû de Peintres qui ayent poffedé cette partie plus parfaitement que luy. Tous fes Ouvrages ne font pas d'une maniére femblable; les uns ont plus de force, & les autres plus de douceur: ce qui arrive prefque à tous les Peintres, qui changent fouvent de gouft.

Entre les Tableaux que le Guide a faits, il y en a quatre d'une mefme grandeur, que l'on peut confiderer comme de fa meilleure & plus forte maniére. Il les fit dans la vigueur de fon âge pour le Duc de Mantouë, qui les vendit au Roy d'Angleterre, aprés la mort duquel le fieur Jabac les acheta, avec ceux dont j'ay déja parlé; & les ayant auffi vendus au Roy, ils font à prefent, avec plufieurs autres de la mefme main, dans le Cabinet de Sa Majefté, où ils tiennent un rang confiderable parmi ceux des plus grands Maiftres.

Le premier de ces Tableaux reprefente Hercule qui combat l'Hydre. Il paroift feulement armé de fa maffuë, avec laquelle il affomme ce terrible Monftre. Ce que l'on admire davantage dans ce rare Tableau, eft la grandeur & la force du deffein, joint à la beauté du pinceau, & à l'excellence des couleurs. Mais comme c'eft dans la Peinture feule qu'on peut voir tout enfemble tant de nobles parties, il faut feulement dans cette Eftampe confiderer la difpofition, le deffein, & les expreffions du Sujet, qui font une image affez belle & affez fçavante, pour juger quel doit eftre le merite de l'Original.

C

VII. TABLEAV.

COMBAT D'HERCULE ET D'ACHELOÜS. *Du Guide.*

Hercule eſtant devenu amoureux de Dejanire, la demanda en mariage à ſon pere Oenée Roy d'Etolie, qui s'eſtant déja engagé de la donner à Acheloüs, fils de l'Occean & de Thetis, ne pût la luy accorder, mais promit de la donner à celuy des deux qui ſurmonteroit l'autre à la lutte. Hercule & Acheloüs eſtant entrez en combat, & celuy-cy ſe voyant preſt d'eſtre vaincu par Hercule, changea de forme, & prit la figure d'un Serpent, & en ſuite celle d'un Taureau: mais nonobſtant toutes les ruſes que ſa mere luy avoit appriſes, Hercule le ſurmonta, & luy arracha une corne que les Naïades remplirent de toutes ſortes de fruits, & la nommerent la Corne d'Abondance. C'eſt cette lutte que le Guide a repreſentée icy, où l'on voit Acheloüs ſurmonté par Hercule, qui le tient ſous luy, & le réduit à ne pouvoir plus ſe remuër, ni ſe défendre. Dans le lointain on voit Acheloüs ſous la forme d'un Taureau abbatu par Hercule, qui luy arrache une corne; ce que le Peintre a creû apparemment devoir faire, pour donner plus d'intelligence de la Fable. Ce Tableau eſt peint avec beaucoup d'art & de ſcience. L'on peut remarquer dans les corps de ces deux Combatans, une étude tres-particuliére pour ce qui regarde les apparences des nerfs & des muſcles; & de quelle maniére ils doivent eſtre peints, pour bien imiter la nature, & faire des effets conformes à l'action dans laquelle ces deux corps ſont repreſentez.

VIII. TABLEAV.

ENLEVEMENT DE DEJANIRE PAR LE CENTAURE NESSE. *Du Guide.*

Hercule, aprés avoir ſurmonté Acheloüs, obtint pour femme Dejanire. Eſtant ſorti de la maiſon de ſon beau-pere, à cauſe d'un meurtre qu'il avoit commis le jour de ſes Noces, & eſtant arrivé avec Dejanire au bord de la riviére d'Evene, il trouva ſes eaux ſi groſſes à cauſe des neiges fonduës & des pluyes continuelles, qu'il eſtoit difficile de la paſſer à gué. Le Centaure Neſſe, qui ſervoit à paſſer l'eau à ceux qui ſe preſentoient, s'eſtant offert de porter Dejanire d'un bord à l'autre, la chargea ſur ſon dos. Hercule paſſa le premier; mais comme il fut de l'autre coſté de l'eau, il entendit la voix de Dejanire qui l'appelloit à ſon ſecours; & s'eſtant retourné, il apperceut le Centaure, qui au lieu de traverſer la riviére, retournoit au bord d'où il eſtoit parti, & enlevoit Dejanire. Auſſi-toſt Hercule tirant une fleche envenimée du ſang de l'Hydre, bleſſa le Centaure ſi dangereuſement, qu'il mourut ſur la place. Cette action ſert de ſujet au troiſiéme Tableau du Guide, où l'on voit Dejanire ſur le dos du Centaure, qui au lieu de traverſer le fleuve qu'Hercule a déja paſſé, revient au bord; & meſme ſemble des pieds de devant regagner la terre, pour joüir de celle qu'il porte, & qu'il regarde avec plaiſir. Le Centaure eſt une des plus belles Figures que le Guide ait jamais peinte. L'on y voit la moitié du corps d'un homme jointe au corps d'un cheval, avec un artifice admirable. Si la joye & le plaiſir paroiſſent ſur le viſage du Centaure, la crainte & la douleur ne ſont pas moins bien repreſentées ſur celuy de Dejanire, qui en regardant de l'autre coſté de l'eau, ſemble appeller Hercule à ſon ſecours. On le voit dans le temps qu'il ſe détourne, & avant qu'il ait tiré ſa fleche. Comme il eſt éloigné, il ne paroiſt pas beaucoup dans le Tableau où Dajanire & le Centaure occupent la principale place. Tout le derriere eſt un Païſage d'une excellente maniére, & qui fait un fond tres-avantageux aux Figures.

IX. TABLEAV.

HERCULE SUR UN BUSCHER ALUMÉ. *Du Guide.*

LE Centaure Nesse qui avoit esté frapé à mort par Hercule, voulant s'en venger, trempa dans son sang une chemise qu'il donna à Dejanire avant que d'expirer; & la priant de la garder pour marque de son amour, il l'asseûra qu'elle luy serviroit d'un souverain remede pour empescher Hercule d'aimer d'autres femmes qu'elle, pourveû qu'il la portast sur luy. Dejanire qui ajoûta foy aux paroles du Centaure, conserva secretement cette chemise. A quelque temps de-là Hercule ayant fait la guerre à Euryte Roy d'Oechalie, le chassa de son Païs, & enleva sa fille Iole. Il fit sçavoir ses victoires à Dejanire sa femme, qui le soupçonnant d'avoir de l'amour pour Iole, luy envoya pour present la chemise que le Centaure luy avoit donnée, le priant de la porter pour l'amour d'elle. Un jour qu'il sacrifioit sur le Mont Oeta, il vestit cette chemise : mais il ne l'eut pas plûtost sur son corps, qu'il sentit une cuisson horrible; & comme il voulut l'oster, il trouva qu'elle estoit collée sur tous ses membres, & qu'en s'efforçant de l'arracher, il se dechiroit la peau. De-sorte que tourmenté de douleurs si excessives & si cruelles, afin de s'en delivrer, il se jetta sur le Buscher qui estoit tout allumé pour le Sacrifice, où il termina le cours de sa vie & de ses travaux.

Le Guide l'a representé assis sur ce Buscher, où levant un bras & les yeux au Ciel, on découvre, par son action, & les expressions de son visage, la douleur qu'il souffre, & l'assistance qu'il implore du Ciel. Il est vray qu'il ne paroist aucune playe sur le corps d'Hercule, le Peintre apparemment ayant voulu supprimer ces circonstances de sa mort, pour ne pas gaster sa figure, qu'il auroit renduë affreuse, s'il l'avoit peinte écorchée, & pleine de sang, ou vestuë d'une chemise.

Ce Tableau est peint comme les autres d'une maniére forte & dans une belle entente de lumiéres & de couleurs.

X. TABLEAV.

SAINT FRANÇOIS EN MEDITATION. *Du Guide.*

CE Tableau où Saint François est representé à genoux, est un des plus beaux que le Guide ait peint, lors qu'il a traité des sujets de dévotion. La disposition du lieu, l'action du Saint, & l'air de son visage, font voir tout à la fois ce que l'on peut s'imaginer de plus solitaire, de plus humble, & de plus penitent. Cependant cette solitude n'a rien d'affreux; l'humilité du Saint n'a rien de bas; & dans l'austérité de son visage, on ne laisse pas de remarquer quelque chose de noble & de grand. L'on voit dans la pensée de la mort sur laquelle il médite, il semble élever son cœur & ses yeux au Ciel, qu'il regarde comme l'objet de ses desirs.

Cette Peinture a esté longtemps à Rome dans la Maison des Savelli ; ensuite elle a passé dans les mains du Prince Pamfile, qui l'a donnée au Roy.

XI. TABLEAV.

SAINTE CECILE. *Du Dominiquin.*

IL y a tant de parties difficiles à aquerir dans la Peinture, qu'il ne faut pas s'étonner s'il se rencontre peu de Peintres qui les ayent possedées toutes dans la derniére perfection. Il semble que ceux qui ont estudié dans l'Ecole des Caraches les ayent partagées entre eux, puis qu'il y en a qui ont la beauté du pinceau, & qu'il s'en trouve aussi qui ont en partage la grandeur du dessein, & la force des expressions. Le Do-

D

miniquin a esté de ceux-cy ; & l'on peut dire qu'il s'est élevé au dessus de tous dans ces deux dernières parties de la Peinture. Ce Tableau où il a representé Sainte Cécile joüant de la Viole, peut assez faire juger quelle estoit en cela la beauté de son génie. On voit sur le visage de la Sainte une pudeur & une sagesse qui remplissent l'esprit de respect & de dévotion. L'ardeur du feu divin paroist dans l'éclat de ses yeux, & il semble que l'on entend sa voix, qui s'accorde au son de sa Viole, pour chanter les loüanges de son divin Espoux, & luy demander la pureté du cœur, par ces paroles des Pseaumes, *Fiat cor meum immaculatum , &c.* qui sont dans un livre que tient l'Ange qui est devant elle.

Le Dominiquin a traité ce mesme sujet en deux differentes manières. Car il fit une Sainte Cécile pour le Cardinal de Sansi, mais celle-là joüe de l'Orgue, & est accompagnée d'un Chœur d'Anges qui paroissent dans une gloire. Pour celle-cy il l'a fit pour le Cardinal Ludovise ; ensuite elle a esté possedée par le Prince Ludovise son Neveu, qui l'a longtemps conservée dans sa Vigne, qui est à Rome. Mais enfin ayant esté apportée en France par le Sieur de Nogent qui la vendit au Sieur Jabac. Elle est presentement dans le Cabinet du Roy.

XII. TABLEAU.

DAVID CHANTANT LES LOÜANGES DE DIEU. *Du Dominiquin.*

CE Tableau, où le Dominiquin a representé le Roy David, est peint avec le mesme art & la mesme conduite que celuy de Sainte Cécile. Ce grand Prophete paroist avec ses habits Royaux, & comme joignant sa voix au son de sa Harpe, lors qu'il composoit les Pseaumes divins, dont l'Eglise se sert encore tous les jours pour chanter les loüanges de Dieu. L'on voit les sentimens de son ame sur tous les traits de son visage, où l'enthousiasme divin est exprimé d'une manière admirable & touchante. Les deux Anges qui sont auprés de luy, la disposition du lieu, qui laisse voir un bout de païsage d'un goust excellent ; & tous les autres accompagnemens, contribuënt à la belle composition de ce rare ouvrage que Sa Majesté a eü du Duc de Mazarin, qui l'avoit eü parmi les autres meubles du Cardinal Mazarin, à qui on l'avoit envoyé d'Italie.

XIII. TABLEAU.

ENE'E SAUVANT SON PERE DE L'EMBRASEMENT DE TROYE. *Du Dominiquin.*

COMME cette Peinture est de la première manière du Dominiquin, l'on voit qu'elle tient beaucoup de celle de son Maistre Ludovic Carache. La piété d'Enée paroist sur son visage, & l'on remarque sur celuy de son Pere Anchise la douleur jointe à la foiblesse de son âge. Ce vieillard prend les Dieux Penates de la main de Creüse, & le petit Ascanius semble montrer à son Pere le chemin qu'ils doivent tenir pour se sauver. Il n'y a rien dans tout ce Tableau qui ne merite beaucoup d'estre consideré, soit pour ce qui regarde le dessein, soit pour la force des couleurs. Le Marechal de Crequi l'apporta lors qu'il revint de son Ambassade de Rome. Aprés sa mort le Cardinal de Richelieu l'acheta, & en mourant le laissa au feu Roy Louis Treiziéme, comme une piéce digne d'estre mise avec les Meubles de la Couronne.

XIV.

✗ XIV. TABLEAV.

CONCERT DE MUSIQUE. *Du Dominiquin.*

IL y a plufieurs Tableaux du Dominiquin, lefquels, quoy-que parfaitement bien deffeignez, & d'un excellent gouft de couleurs, ne font pas néanmoins également bien peints. Il s'en voit qui paroiffent un peu fecs, & qui fe reffentent de la peinture à fraifque à laquelle il a beaucoup travaillé ; mais entre ceux qu'il a peints avec plus d'amour & de tendreffe, on peut dire que celuy où il a reprefenté un Concert de Mufique, eft un des plus beaux, & où les couleurs font les mieux empaftées. Les jours & les ombres y font admirables ; les expreffions fortes & vrayes ; & les airs de tefte naturels & beaux. Enfin ce Tableau, compofé feulement de quatre Figures, a toûjours efté confideré comme un des plus rares que le Dominiquin ait faits. Il le fit pour le Cardinal Ludovife, qui le confervoit cherement dans fa maifon de *Zagarello*, qui eft à quatorze milles de Rome. Eftant en fuite paffé entre les mains du Prince Ludovife fon Neveu, il le vendit au fieur de Nogent, qui l'apporta en France. En fuite le fieur Jabac l'a acheté de luy. Il eft prefentement dans le Cabinet du Roy.

✗ XV. TABLEAV.

SAINT MATHIEU. *Du Valentin.*

ENtre les Peintres François qui ont eû de la reputation dans ce dernier fiécle, le Valentin n'a pas efté un des moindres. Il a beaucoup peint à Rome fous le Pontificat d'Urbain VIII. où s'eftant particuliérement attaché à fuivre la maniére de Michel-Ange de Caravage, il a comme luy cherché à imiter la nature comme il la trouvée, fans faire choix du beau, ni tirer des Antiques ce qu'il y a de noble & de gracieux. Ainfi l'on doit confiderer dans fes Ouvrages une exacte & veritable reffemblance des chofes naturelles, telles qu'il les a veûës ; qu'il a deffeignées avec force, & peintes avec une conduite de lumiéres affez vrayes. Parmy les Tableaux qui font dans le Cabinet du Roy, il y en a quatre où ce Peintre a reprefenté les quatre Evangeliftes, que Sa Majefté a eûs aprés la mort de Monfieur Ourfel Secretaire de Monfieur de la Vrilliére, & grand amateur de la Peinture.

Dans le premier de ces Tableaux, il a peint Saint Mathieu fous la figure d'un venerable Vieillard, appuyé fur une table, & tenant d'une main une plume, & de l'autre un livre ouvert. Il y a auprés de luy un Ange tel qu'on en reprefente d'ordinaire auprés de ce Saint Evangelifte.

✗ XVI. TABLEAV.

SAINT MARC. *Du Valentin.*

CE Vieillard accompagné d'un Lion, fait affez juger que le Peintre a voulu reprefenter Saint Marc Evangelifte. Il a particuliérement affecté de faire voir dans l'air du vifage, & dans les veftemens de cette Figure, la fimplicité & la pauvreté des Difciples de JESUS-CHRIST. Cependant l'on peut dire que dans fa maniére, ce Tableau eft un des plus beaux & des mieux peints qu'il ait faits.

✗ XVII. TABLEAV.

SAINT LUC. *Du Valentin.*

CE troifiéme Tableau reprefente Saint Luc affis, & écrivant avec application dans un livre. Il eft accompagné de toutes les marques qui le diftinguent dés au-

E

tres Evangeliftes. Car l'on y voit le Bœuf que l'on peint ordinairement auprés de luy ;
& le Peintre n'a pas oublié d'y mettre le Tableau qu'on dit que ce Saint à fait de la
Sainte Vierge , & tel qu'on le voit encore à Rome dans l'Eglife de Sainte Marie
Major.

XVIII. TABLEAV.

SAINT JEAN. *Du Valentin.*

COMME Saint Jean eft celuy de tous les Evangeliftes qui paroît le plus élevé
dans les connoiffances Divines, & qui en a parlé plus hautement, on l'a toûjours
peint avec un Aigle. La Figure de ce Saint eft deffeignée, & peinte de la meilleure
maniére du Valentin, & dans fon gouft ordinaire ; c'eft à dire, cherchant feulement
à imiter la nature, & à donner de la force aux corps par le fecours des lumiéres &
des couleurs.

XIX. TABLEAV.

S. ANTOINE DE PADOUË ADORANT L'ENFANT JESUS. *De Vandeik.*

L'ON voit icy Saint Antoine de Padouë qui adore l'Enfant JESUS entre les bras
de la Sainte Vierge. Comme il n'y a que trois Figures dans toute la compofition
de cét Ouvrage, ce n'eft pas l'ordonnance que l'on y doit le plus confiderer : auffi cette
partie n'eft pas celle où Antoine Vandeik, qui eft l'Auteur de ce Tableau, s'eft rendu
confiderable. Il quitta d'affez bonne heure le travail des grandes Hiftoires, pour s'ap-
pliquer uniquement à faire des Portraits ; en quoy il a réuffi avec un fuccés fi heureux, que depuis le Titien, il s'eft trouvé peu de Peintres qui en ayent fait avec un
gouft, & une beauté de couleurs qui approchent des fiens. Cependant il n'a pas laiffé
quelquefois d'entreprendre de plus grands Ouvrages ; mais on peut dire, fans faire
tort à fon merite, que les plus beaux qu'il ait achevez, font ceux où il y a le moins
de Figures, & moins de parties difficiles à deffeigner. Celuy-cy eftant de ce nombre, eft auffi un des plus parfaits, parce que les couleurs y font traitées avec tout
l'art & toute la fcience qu'il poffedoit ; & l'ayant peint avec beaucoup de foin & d'a-
mour, il en a fait un Tableau conforme à fon génie , & à ce qu'il fçavoit le mieux.
L'Infante d'Efpagne Claire Eugénie Archiduchesse des Païs-Bas, le fit faire pour l'Au-
tel de la Chappelle de fon Palais de Bruxelles, où il a efté jufques après fa mort, qu'il
fut vendu avec fes autres meubles à un particulier d'Anvers, de qui le fieur Jabac
l'ayant eû, l'a depuis vendu au Roy.

XX. TABLEAV.

SAINT PAUL ENLEVÉ AU TROISIÉME CIEL. *Du Pouffin.*

LE Pouffin ayant voulu reprefenter Saint Paul enlevé jufques au troifiéme Ciel,
il a traité ce fujet fi merveilleux de luy-mefme, d'une maniére noble & relevée.
Ce grand Apoftre des Gentils eft foûtenu & porté par trois Anges, qui font enfemble
un groupe de quatre Figures, où l'on découvre tout ce que l'art & la fcience d'un
grand Peintre, peut faire voir de plus beau dans la difpofition de quatre corps, dont
les attitudes font differentes. L'Ange, qui eft le plus élevé, montre à Saint Paul le Ciel
ouvert ; Et les deux autres, qui le foûtiennent , paroiffent dans une fainte admiration.
L'on voit fur le vifage de ce grand Saint une expreffion admirable de l'extafe & du
tranfport où il fe trouva pendant fon raviffement. Outre les belles expreffions, & la
grandeur du deffein que l'on y remarque ; le Peintre a conduit ce Tableau dans une harmonie

monie de couleurs fi douce & fi agréable, qu'il ne manque rien de tout ce qu'on peut defirer pour la perfection d'un fi bel Ouvrage. Il le fit en 1649. pour le fieur Scaron, fi connu par fes Ouvrages de Poëfie, de qui le fieur Jabac l'ayant acheté, le vendit au Duc de Richelieu, dont le Roy l'a eû.

XXI. TABLEAV.

MOÏSE TIRÉ DES EAUX DU NIL PAR LA FILLE DE PHARAON. *Du Pouffin.*

ENTRE les Tableaux que le Pouffin a faits, l'on a toûjours eû beaucoup d'eftime pour celuy où il a peint Moïfe fauvé des eaux par la Fille de Pharaon. L'on peut confiderer dans cét Ouvrage le foin qu'il a eû de reprefenter le Païs d'Egypte, & particuliérement la Ville de Memphis, fcituée proche le Nil. L'on y remarque ces levées de terre, dont Diodore dit qu'elle eftoit environnée, pour la défendre des inondations du Fleuve. L'on y voit une infinité de fuperbes Palais; ces grandes Obelifques élevées à l'honneur du Soleil; & ces Pyramides qui fervoient de Tombeaux aux Rois & aux Princes, & en quoy on dit mefme que les Egyptiens faifoient le plus de dépenfe, parce qu'ils confideroient les Tombeaux comme des Palais qui devoient eftre leur éternelle demeure; au-lieu qu'ils ne regardoient ceux où ils habitoient pendant leur vie, que comme des hoftelleries & des lieux de paffage. Cette noble difpofition de Païs fert d'un fond avantageux aux principales Figures. Dans celles qui reprefentent la Fille du Roy, & les Dames de fa fuite, on voit toute la majefté & la grace convenable à leur qualité & à leur fexe; mais fur tout, ce Tableau eft un de ceux que le Pouffin à mieux peints, & où les couleurs font traitées avec un gouft tres-exquis. Comme il a toûjours eû un foin particulier de bien hiftorier fes fujets, il n'a rien oublié dans celuy-cy, de ce qui peut marquer le veritable lieu où l'action fe paffe. Non-feulement il a peint dans le lointain, une grande Ville ornée de fuperbes édifices, comme pouvoir eftre la Ville de Memphis; mais on voit auffi qu'il a voulu, pour mieux reprefenter le Nil, y ajoû-ter des circonftances particuliéres à ce Fleuve: car l'eau en paroift trouble, comme en effet elle eft pour l'ordinaire moins claire que celle des autres riviéres. Il a mefme peint des Pefcheurs dans une longue barque, qui pourfuivent l'Hipopotafme, qui ne fe trouve que dans le Nil; & outre cela, il a fur le devant reprefenté un Sphinx avec un Vieillard appuyé fur une Urne, & tenant une Corne d'Abondance, pour reprefenter le Dieu de ce Fleuve de la maniére que les Anciens le figuroient. Il eft vray que quelques-uns croient qu'il fe feroit bien paffé de mefler la Fable dans un fujet tiré de l'Hiftoire Sainte: mais fi on trouve à redire à cette licence, le Peintre pour cela n'en eft pas moins excellent, puis que tout l'Art y paroift dans un haut degré. Il fit cét Ouvrage pour le fieur Pointel, fon intime amy, aprés la mort duquel le Duc de Riche-lieu l'acheta, & de qui Sa Majefté l'a depuis eû.

XXII. TABLEAV.

JESUS SORTANT DE JERICHO QUI TOUCHE LES YEUX DE DEUX AVEUGLES. *Du Pouffin.*

BIEN que dans cette Eftampe on ne puiffe pas voir cette belle conduite de cou-leurs qui rend le Tableau fi vray & fi agréable, on y peut néanmoins confiderer toutes les autres parties neceffaires dans un excellent Ouvrage. Le Pouffin, pour re-prefenter le miracle que JESUS-CHRIST fit au fortir de Jericho, lors qu'il donna la veûë à deux Aveugles, a mis fur le derriére de fon Tableau une partie de la Ville, qui paroift au pied d'une montagne. Quoy-que cette action fuft arrivée à la veûë d'un grand nombre de Peuple, le Peintre néanmoins n'a mis que peu de Figures, & s'eft

F

contenté de peindre Jesus-Christ accompagné de quelques-uns des Apoftres, & de quelques Juifs, qui font témoins du Miracle qu'il fait. On remarque la curiofité des Juifs par leurs actions, & avec quelle attention ils confiderent comme Jesus-Christ touche les Aveugles: ce qui exprime affez bien l'incredulité naturelle de ce Peuple. C'eft dans ces fortes d'expreffions fi effentielles à la vraye reprefentation d'un fujet, que le Pouffin a excellé fur la plus grande partie des autres Peintres, n'ayant rien obmis de ce qui regarde les circonftances neceffaires aux actions qu'il a voulu figurer. Il fit ce Tableau dans la vigueur de fon âge pour le fieur Renon, Marchand de Lion, de qui le Duc de Richelieu l'acheta, & depuis il a efté mis dans le Cabinet du Roy.

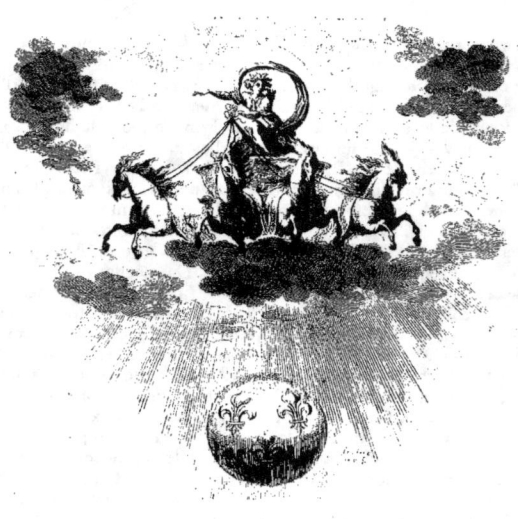

STATUËS ET BUSTES DE MARBRE
ANTIQUES
ESTANT AU PALAIS DES TUILLERIES.

I.

STATUË DE DIANE.

QUELQUES-UNS ont creû que cette Statuë de Diane avoit esté autrefois dans le Temple d'Ephese, & qu'elle y avoit mesme rendu des Oracles. Elle fut apportée à Paris sous le Regne du Roy Henry I V. qui pour marque de l'estime qu'il faisoit de cette rare Figure, fit bastir exprés au bout de la grande gallerie du Louvre la Salle qu'on appelle la Salle des Antiques, qu'il fit paver & revestir de toutes sortes de marbres avec des pieds-d'estaux, & des niches, pour y mettre encore d'autres Figures qui devoient venir d'Italie. L'on ne voit aucunes marques qui puissent faire connoistre quel est le Sculpteur qui l'a taillée. Ce que l'on peut dire, est qu'asseûrément cette Figure est tres-antique, & d'une grande beauté. L'air de son visage est noble & gracieux: ses cheveux ramassez, & noüez d'une bandelette, font une coeffûre negligée, & découvrent un beau front, tel qu'Apulée décrit celuy de cette Déesse. Ses épaules un peu plus larges qu'elles ne sont d'ordinaire dans les femmes, sont aussi conformes à ce qu'en ont d. les Poëtes, de mesme que ses bras & ses jambes, dont ils loüent la force & la vigueur, à cause des exercices penibles où elle s'adonnoit. Elle est representée icy en habit de Chasseresse, avec un carquois sur ses épaules, & un vestement court & leger, qui n'empesche point qu'on ne voye toutes les proportions d'un beau corps.

I I.

STATUË DE BACCHUS.

CETTE Figure de Bacchus a esté long-temps dans la Salle des Antiques avec la Diane dont il a esté parlé. Elle est travaillée avec beaucoup de science, & represente Bacchus tel qu'il a toûjours esté dépeint par les Anciens, c'est à dire avec des cheveux longs & negligez, & toutes les autres parties de son corps parfaitement belles. Il est couronné de pampre; une peau de Tigre luy passe en écharpe de l'épaule gauche par dessous le bras droit qui est élevé sur sa teste, & qui par cette attitude laisse voir au dessous de l'aisselle une grande partie de son corps, où les muscles sont marquez avec beaucoup de science & de tendresse. Son bras gauche est appuyé sur un tronc d'arbre environné d'un sep de vigne.

I I I.

STATUË DE VENUS.

DE toutes les Divinitez que les Anciens adoroient, il n'y en a point dont l'on ait fait tant d'images que de Venus. Ce grand nombre de Statuës est cause que plusieurs ont échapé à l'injure des temps. Il est vray que l'on ignore le nom des Ouvriers

G

qui les ont faites, & qu'elles n'ont pas eû toutes le mesme avantage que celle qui est à Rome dans la Vigne de Medicis, que l'Hercule de Farnese, & que le Laocoon, toutes aussi fameuses par les noms des Sculpteurs que l'on y voit gravez, que par leur beauté : mais comme il y en a quantité de tres-belles, qui ne laissent pas d'estre considerables, bien qu'on n'en connoisse pas les Auteurs, parce qu'elles portent avec elles leur recommandation, l'on doit considerer par son propre merite celle qui est aux Tuilleries. Elle est accompagnée d'un Dauphin que l'on mettoit d'ordinaire auprés de Venus lors qu'on la representoit nuë, & sortant de la mer, pour marque qu'elle avoit esté engendrée dans cét Element. Comme les plus excellens Sculpteurs de l'Antiquité cherchoient avec beaucoup de soin à faire voir ce qu'il y a de plus parfait dans la construction du corps humain, c'estoit particuliérement sur la Statuë de Venus qu'ils s'efforçoient d'exprimer avec plus d'art & de science les diverses beautez qui peuvent former le corps d'une femme parfaitement belle, comme l'on voit dans cette Figure.

I V.

STATUË D'UNE CHASSERESSE.

CETTE Figure represente une jeune Chasseresse vestuë à la legere de la maniére que les Poëtes ont décrit les Nimphes Compagnes de Diane : ce que le Sculpteur a esté bien aise de suivre, afin de faire paroistre beaucoup de nud. D'une main elle tient un arc, & paroist en action de courir : ce qui a fait croire à quelques-uns qu'on a voulu figurer Athalante qui s'exerce à la course, en quoy elle surpassoit tous ceux de son temps. Mais l'arc que cette Figure tient d'une main fait conjecturer que c'est plustost une simple Chasseresse qu'on a voulu representer, que l'image de cette Princesse : si ce n'est qu'on voulust dire que cette Athalante n'est pas la fille de Schoenée Roy de l'Isle de Schire qu'Hypomene vainquit par le moyen des pommes d'or que Venus luy avoit données, mais une autre Athalante fille de Jasius ou Jason Roy d'Arcadie, qui fuyant la compagnie des hommes, s'attacha auprés de Diane, pour s'adonner au seul plaisir de la Chasse ; en quoy elle excella si fort, qu'elle eût l'avantage de fraper la premiére un Sanglier formidable, qui faisoit un degast horrible par tout le païs ; à cause de quoy Meléagre fils d'Oenée Roy de Callidon donna à Athalante les dépouilles de cette beste. Or quelle ait esté l'intention que le Sculpteur puisse avoir euë dans la representation de cette Figure, il en a fait une tres-belle Image, où l'on reconnoist l'art & la science d'un des plus excellens Ouvriers de toute la Grece, principalement dans la disposition de cette Figure, dont le corps est si bien mis en équilibre, que paroissant en action de courir, elle n'est soûtenuë que sur l'une de ses jambes, l'autre estant levée, & en l'air.

V.

STATUË D'UN JEUNE HOMME.

L'ON ne voit dans cette Statuë aucune marque particuliére qui puisse faire juger quel est celuy que l'on a voulu representer. S'il est vray, comme Ciceron le remarque, que les Grecs ne faisoient gueres de Statuës que pour des Divinitez, ou des hommes extraordinaires ; on peut dire que celle-cy estant veritablement une Statuë Greque, elle doit avoir esté faite pour representer un de leurs Dieux, ou de leurs Heros. Le Sculpteur qui la faite a employé tout son art & toute sa science, pour representer le corps d'un jeune homme bien fait.

V I.

STATUË D'UN GLADIATEUR.

CETTE Statuë represente un Gladiateur, mais apparemment un de ceux qui volontairement, ou pour une mediocre récompense exposoient leurs vies, & combatoient à la veuë du Peuple Romain, qui prenoit son divertissement dans la cruauté de ces horribles spectacles. Cette Figure vient du Cardinal Mazarin. Ceux qui l'envoyerent d'Italie prétendoient que c'estoit une Statuë d'Alexandre le Grand, qui tient d'une main une épée, & de l'autre un sceptre, disant que la medaille qui sert d'agraffe au vestement qu'il a sur son épaule, represente la teste d'Aristote. Comme il n'y a aucune autre marque particuliére par laquelle ce Prince soit bien désigné, & qu'il n'y a dans le visage aucuns traits qui ressemblent aux autres Statuës & aux Medailles Greques qu'on en voit, on ne la considere que comme la Figure d'un Gladiateur.

V I I.

STATUË DE MERCURE.

MERCURE fils de Jupiter & de Maïa fut tenu par les Anciens pour l'Ambassadeur & le Messager des Dieux: c'est pourquoy ils l'ont toûjours representé avec des aîles à son chapeau, & un caducée à sa main. Et parce qu'ils le regardoient aussi comme la Divinité qui présidoit sur tout ce qui concerne le trafic & la marchandise, on luy mettoit une bourse à la main, comme dans cette Statuë que l'on voit conforme à ce qu'en ont écrit les Poëtes & les Historiens, qui disent mesme que les Grecs le representoient avec le front grand, tel que l'avoit Alcibiades, à la ressemblance duquel ils ont en plusieurs rencontres formé le visage de cette Divinité.

V I I I.

STATUË D'AGRIPPINE.

L'OPINION commune est que cette Statuë represente Agrippine sortant du bain. Il n'y a point de marques particuliéres qui fassent connoistre si c'est Agrippine femme de Germanicus, ou sa fille surnommée Julie Mere de Neron. Ce qu'il y a de considérable dans cette Statuë, c'est le soin que l'Ouvrier a apporté à bien representer le nud au travers d'un vestement dont elle est couverte: car il semble que ce soit un linge qui l'enveloppe, & qui tout mouïllé, soit comme colé sur son corps, ainsi qu'il arrive à ceux qui sortent de l'eau. Il y en a qui ont crû que cette Statuë estoit de l'Imperatrice Julia Mammea Mere de l'Empereur Alexandre Severe. Il est difficile de dire au vray quelle est la plus certaine de ces opinions. Cette Figure vient du Cabinet du Cardinal Mazarin.

I X.

STATUË DE CERES.

COMME Cerés a esté considerée par les Anciens pour la Déesse des grains, & celle qui a enseigné aux hommes l'art de cultiver la terre, les Sculpteurs l'ont toûjours representée tenant des épics de bled, ainsi que l'on voit dans cette Statuë, qui represen-

H

te une femme veftuë d'habits majeftueux , parce que quelques Auteurs ont crû que Cerés fut une Reyne de Sicile , qui avoit une fille qui fut enlevée par Orcus Roy des Mourfliens ; ce qui a donné fujet à la Fable du Raviffement de Proferpine par Pluton.

X.

STATUË DE LA MUSE THALIE.

CETTE Figure reprefente la Mufe Thalie. Le Sculpteur luy a mis un mafque à la main, à caufe qu'elle préfide à la Comédie. On luy attribuë l'invention de la Geometrie & de l'Agriculture. Plutarque la nomme la Déeffe des Banquets , & dit qu'elle rend les hommes fociables, & d'une agréable compagnie. L'on peut juger de la beauté de cette Statuë par le foin que l'Ouvrier a pris à reprefenter le corps d'une belle femme, dont les veftemens font fi legers , & travaillez avec tant d'art & de délicateffe, qu'encore que fon corps foit tout couvert, on ne laiffe pas d'appercevoir le nud au travers des veftemens ; ce qui donne à cette Figure beaucoup de grace & de majefté.

X I.

STATUË DE FLORE.

LA guirlande & les fleurs que cette figure tient, font bien juger que c'eft la Déeffe Flore qu'on a voulu reprefenter. L'on fçait affez que Flore a efté une celebre Courtifane , qui laiffa fon bien au Peuple Romain , & qui deftina quelque fomme de deniers pour la celébration de certains Jeux, qu'on appelloit Floreaux ; en reconnoiffance de quoy les Romains firent de cette Courtifane une Divinité, à laquelle ils attribuerent le pouvoir de faire fleurir les Plantes. Pour cacher à la pofterité ce qu'elle avoit efté pendant fa vie, ils feignirent aprés fa mort qu'elle eftoit femme du Zephire, le plus doux & le plus agréable des Vents. Ils luy baftirent un Temple fur le Mont Quirinal, & luy drefferent plufieurs Statuës. On en voit une à Rome dans le Palais Farnefe , qui eft couronnée de fleurs. Elle eft de marbre blanc, & beaucoup plus chargée de veftemens que celle-cy, dont l'habit eft d'un marbre grifaftre.

X I I.

STATUË D'UNE FEMME.

QUELQUES-UNS ont creû que cette Figure reprefente la Déeffe Ceres, & que ce font des pavots qu'elle tient d'une main. Il eft affez difficile d'en bien juger, parce qu'eftant gaftez par la longueur du temps, on ne les peut bien diftinguer. Cette Figure eft tres-belle, & tres-antique. Il paroît qu'elle eft de la main d'un des plus excellens Ouvriers qui travailloient à Rome, où vray-femblablement elle a efté faite ; ce qui fe reconnoît à fes veftemens, dont les Grecs n'avoient pas accouftumé de veftir leurs Figures.

XIII.

XIII.

STATUË DE PORCIE.

QUOY-QUE cette Figure n'ait pas plus de deux pieds de haut, elle ne laisse pas d'estre d'une grande beauté. Aussi les Anciens prenoient un soin particulier à faire de ces petites Statuës, parce qu'elles servoient d'ordinaire à orner, & à embellir les Cabinets, & les lieux les plus considerables des Palais. Ce vase plein de feu, d'où l'on voit que cette femme prend des charbons, fait bien connoistre que c'est la Figure de Porcie fille de Caton, & femme de Brutus, qui pour ne pas survivre son Mary, se fit mourir elle-mesme, en s'étouffant avec des charbons ardens qu'elle mit dans sa bouche, ne pouvant se servir d'autres moyens, parce que ses Parens veilloient continuellement sur elle.

XIV.

STATUË D'UN FAUNE.

LEs anciens Romains mirent Faune Roy d'Italie au nombre de leurs Dieux, à cause qu'il avoit inventé beaucoup de choses touchant le labourage ; & dans les images qu'ils en firent, ils le representerent avec des cornes à la teste, & des pieds de Chévre. Ils le firent pere des Faunes, des Satyres, des Pans, & des Silvains, qu'ils estimoient des demy-Dieux, qui habitoient les forests, les bois, & les montagnes. Les Laboureurs, les Bergers, & les autres habitans de la campagne adoroient ces Divinitez, & les consideroient comme leurs Protecteurs. Or bien qu'on les representast ordinairement avec des cuisses & des jambes de Chévre, on voit néantmoins des Statuës où ils n'ont rien de different des autres hommes, sinon qu'ils ont les oreilles longues & pointuës, & une queuë semblable à celle des autres Satyres. Ce que l'on peut observer de particulier dans cette Statuë, c'est que les proportions du corps sont differentes de celles des autres Divinitez, & tiennent plus de celles des hommes rustiques & champestres, que non pas de celles des Heros, à cause que les Faunes sont les Dieux de la campagne, & de ceux que le Guarini appelle *della plebe de gli Dei.*

XV.

AUTRE STATUË D'UN FAUNE.

CETTE Statuë represente un Faune semblable au précedent. Il est comme appuyé sur une Outre, & tient dans ses mains de ces sortes d'instrumens dont joüoient ordinairement les Baccantes, & ceux qui suivoient Bacchus. Cette Figure paroist de la mesme main que l'autre Faune qui tient un chalumeau, & sont toutes deux d'un excellent travail. Elles viennent du Cardinal Mazarin.

XVI.

BUSTE D'UN SENATEUR ROMAIN.

CETTE Teste avec son Buste represente un Senateur Romain enveloppé d'un grand manteau jetté sur l'épaule gauche, & qu'il tient de la main droite. Tous

I

les traits du vifage font marquez avec beaucoup d'art & de fcience, & l'on voit quelque chofe dans les yeux de fier & de hardi.

XVII.

BUSTE D'UNE DAME ROMAINE.

LE Sculpteur a reprefenté icy une Dame Romaine couverte de ce grand habit qu'ils nommoient *Stola*, & coëffée d'une maniére negligée. Cette Tefte eft fort belle, & bien confervée.

XVIII.

AUTRE BUSTE D'UNE DAME ROMAINE.

LA coëffûre particuliére de cette Figure fait juger que c'eft une perfonne de grande confideration que l'on a reprefentée, parce que toutes les Dames Romaines ne portoient pas indifferemment un ornement auffi riche, & femblable à celuy dont cette Tefte eft parée. Les veftemens qui la couvrent, & qui forment le Bufte, font d'un marbre jafpé, & la Tefte de marbre antique. Elle vient du Cardinal Mazarin.

FELIBIEN.

A PARIS,

DE L'IMPRIMERIE ROYALE,

PAR SEBASTIEN MABRE-CRAMOISY,

Directeur de ladite Imprimerie.

M. DC. LXXVII.

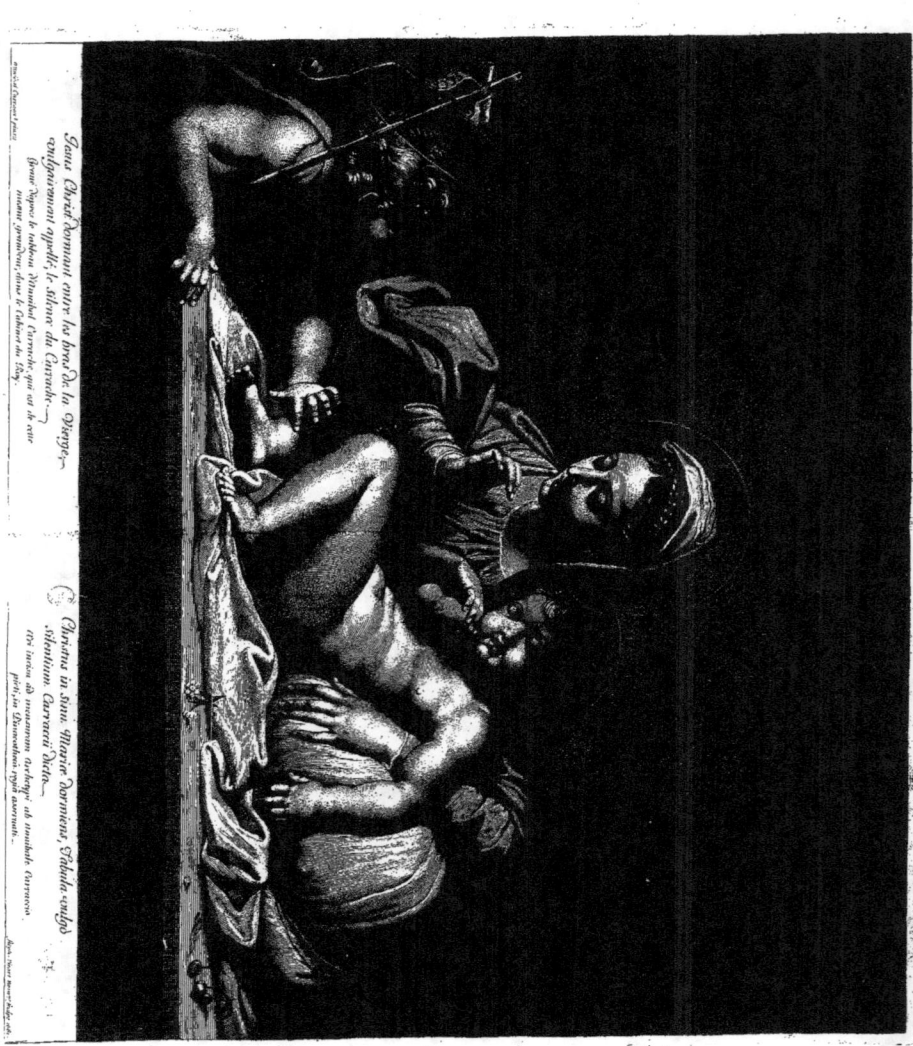

Jesus Christ dormant entre les bras De la Vierge, communement appellé, le Silence du Carrache. Sçavoir despuis le tableau Manebel l'original, qui est le vrai tableau peint icy, dans le Cabinet du Roy.

Christus in Sinu Mariæ Dormiens, Tabella vulgo Silentium, Carracci dicta. Uti incisa Ab invenienum tabulagij, ad incunabile Carracum prototypi, in Dinnoethonoi regiâ asservati.

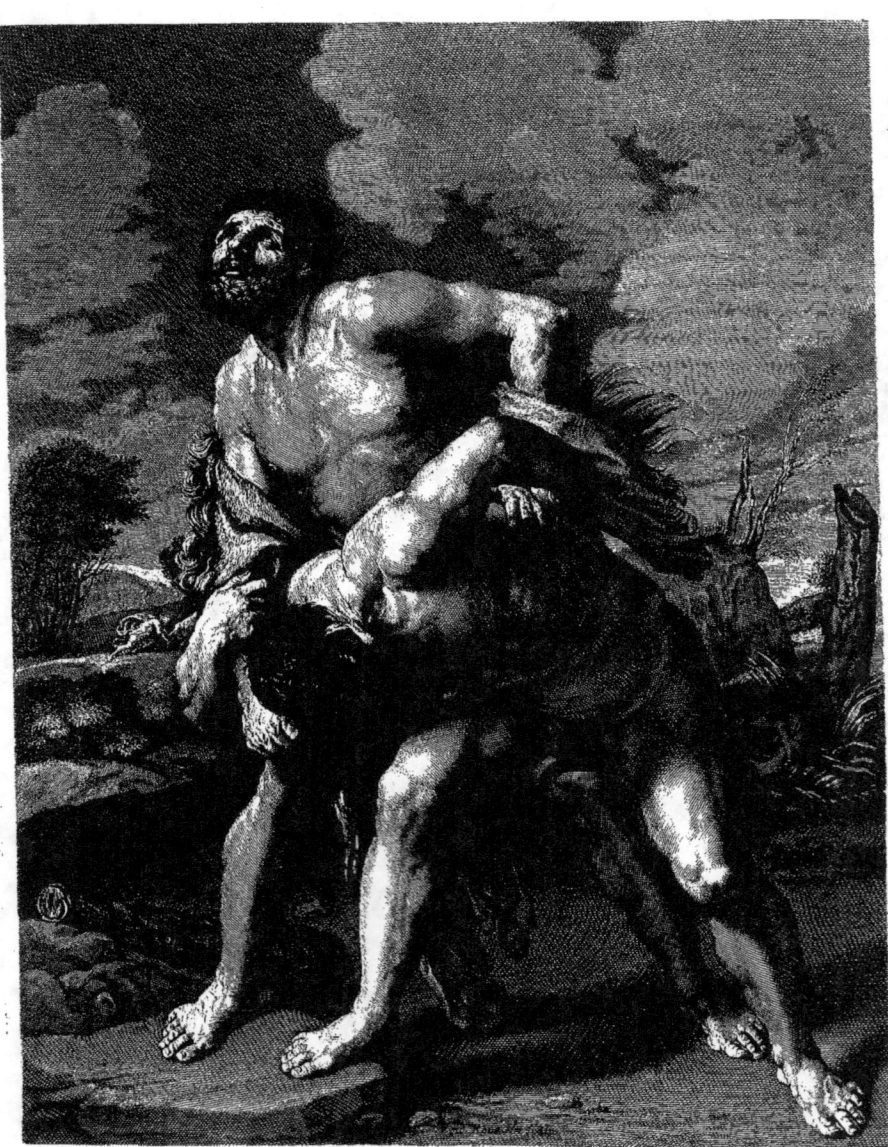

Combat d'hercule et d'achelous.

Gravé sur le tableau du Guide qui est au cabinet du Roy de 8 pieds de haut et de 6 pieds de large.

Herculis cum acheloo certamen.

Ær incisû ex tabula Guidi asservata in Pinacotheca Regia 8 pedes alta 6 lata.

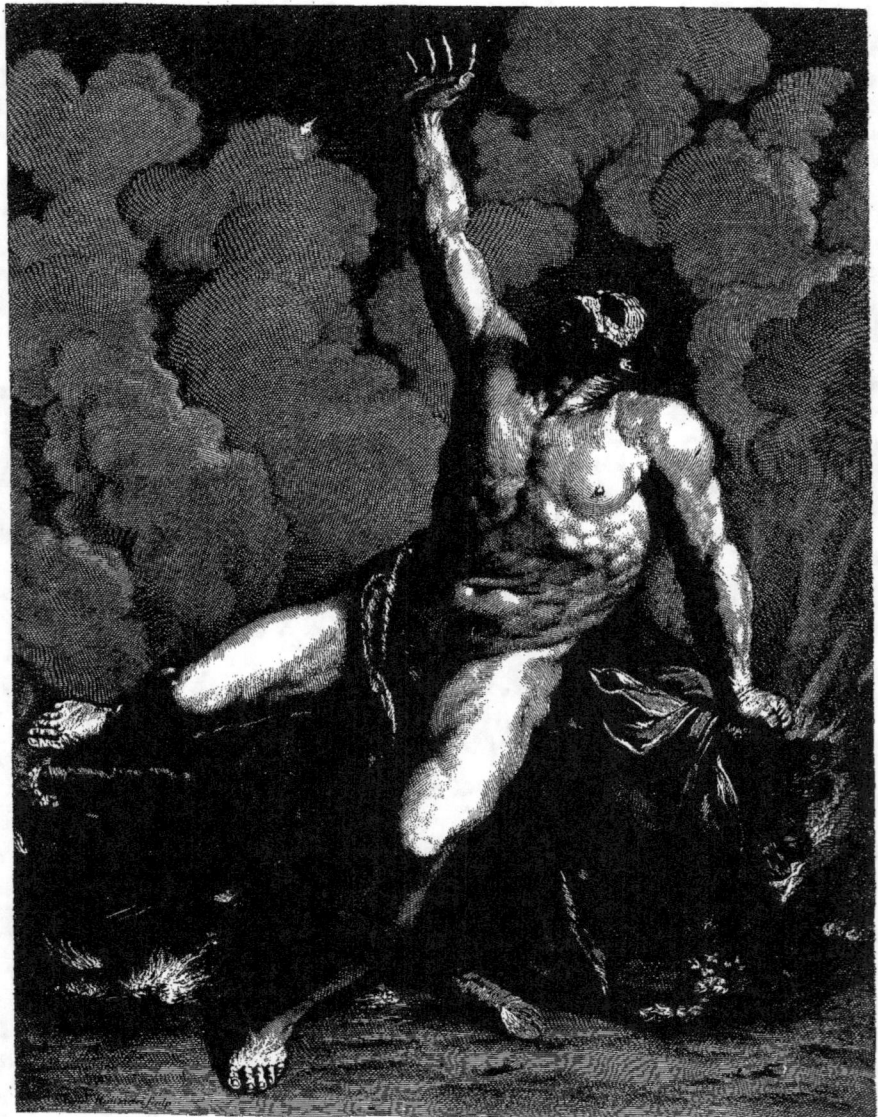

Hercule se iettant dans vn bucher allumé   Hercules in monte oeta sese in rogum
sur le mont oeta.   conijciens.

Gravé sur le tableau du Guide qui est au cabinet du Roy.   Ori incisus ex tabula Guidi asservata in Pinacotheca Regia
de 8 pieds de haut et de 6 pieds de large.   8 pedes alta 6 lata.

Dauid chantant les loüanges de Dieu.   Dauid Dei laudes celebrans.

Gravé sur le tableau du Dominiquain, qui est au cabinet du Roy,   Ævi incisus ex tabula Dominicani asservata in Pinacotheca
de 7 pieds 9 poulces de haut et de 5 pieds 3 poulces de large.   Regia 7 pedes et 9 pollices alta 5 pedes et 3 pollices lata.

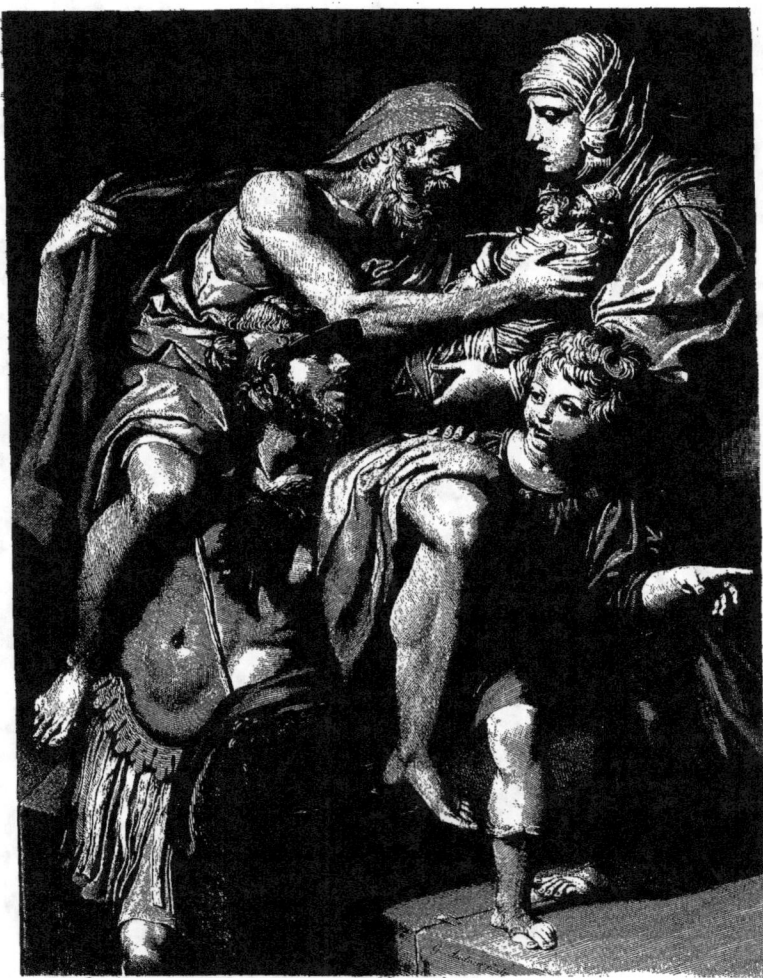

Ænée sauuant son Pere
de l'embrazement de Troye.

Æneas Patrem ab incendio
Trojano eripiens.

Graué sur le tableau du Dominiquain, qui est
au Cabinet du Roy, de 5 pieds 2 poulces de hault,
et de 3 pieds 9 poulces de large.

Æri incisus ex tabula Dominicani, asseruata in
Pinacotheca Regia 5 pedes et 2 pollices alta
3 pedes et 9 pollices lata.

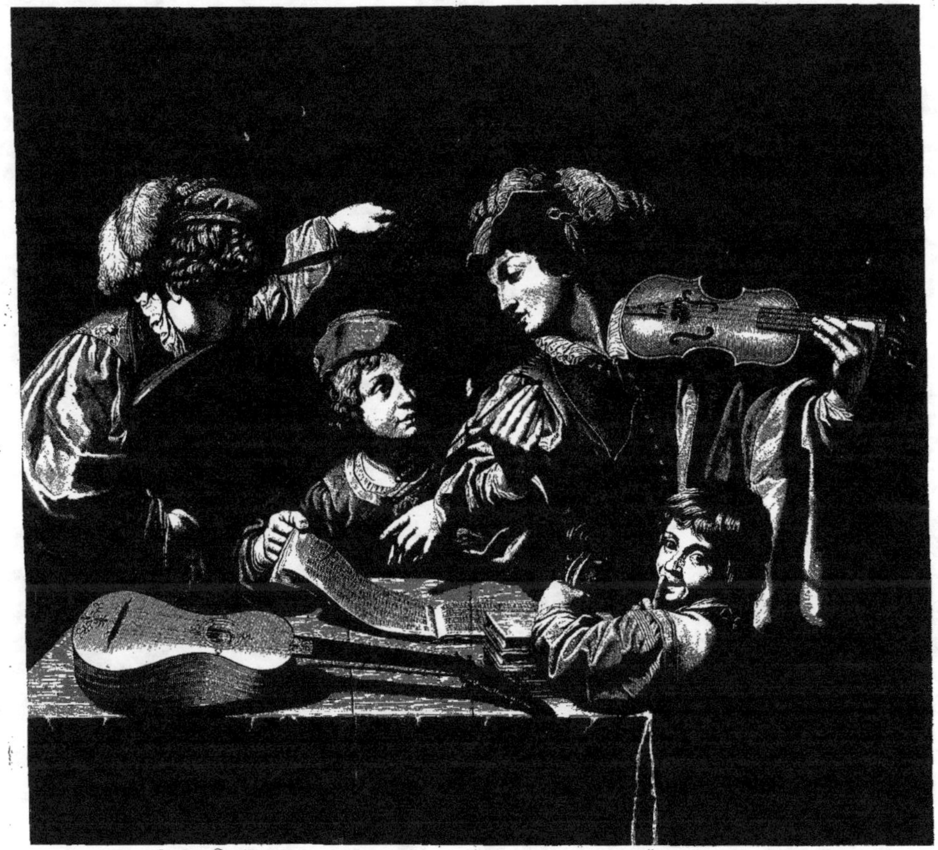

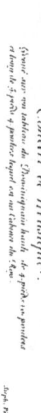

Concert de Musique.

Grave sur un tableau de Dominiquin haut de 3 pieds 10 pouces
et large de 3 pieds 4 pouces lequel est au Cabinet du Roi

Symphonia.

Ex tabula Dominichini alta pedes 3 pollices 10 et lata pedes 3
et pollices 4 asservata in Pinacotheca Regia

Joseph Pietro Bouroney Sculp.

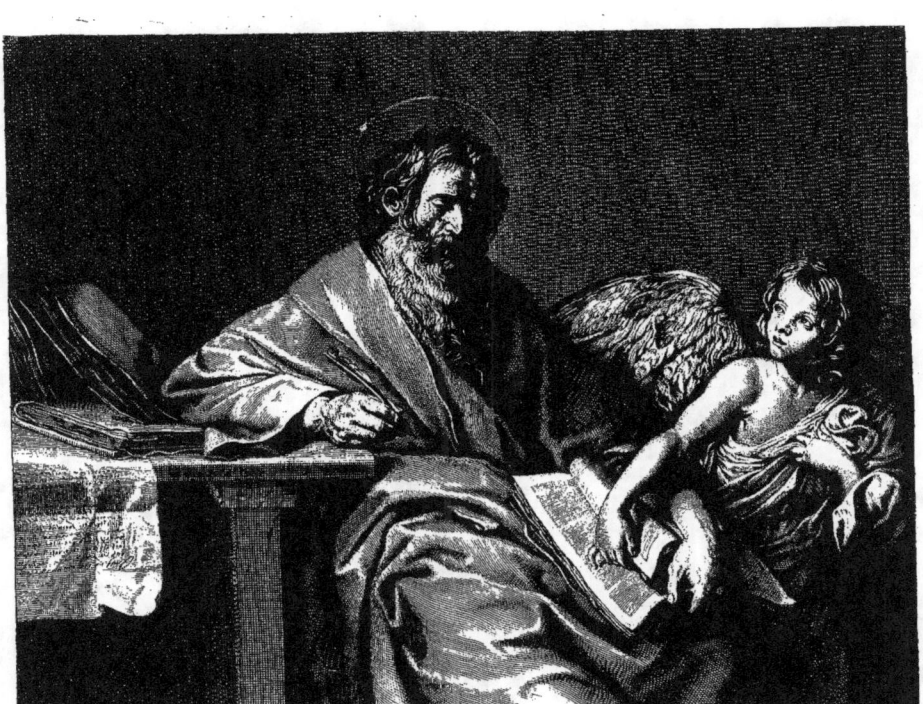

Sainct Mathieu Euangeliste, gravé sur un tableau du valentin
hault de 3.p.⅓. et large de 4.p.¾ qui est dans le Cabinet du Roy.

Sanctus Mattheus Euangelista, æri incisus ex tabula valentini
alta pedes 3.⅓ lata pedes 4.¾ asservata in Pinacotheca Regia.

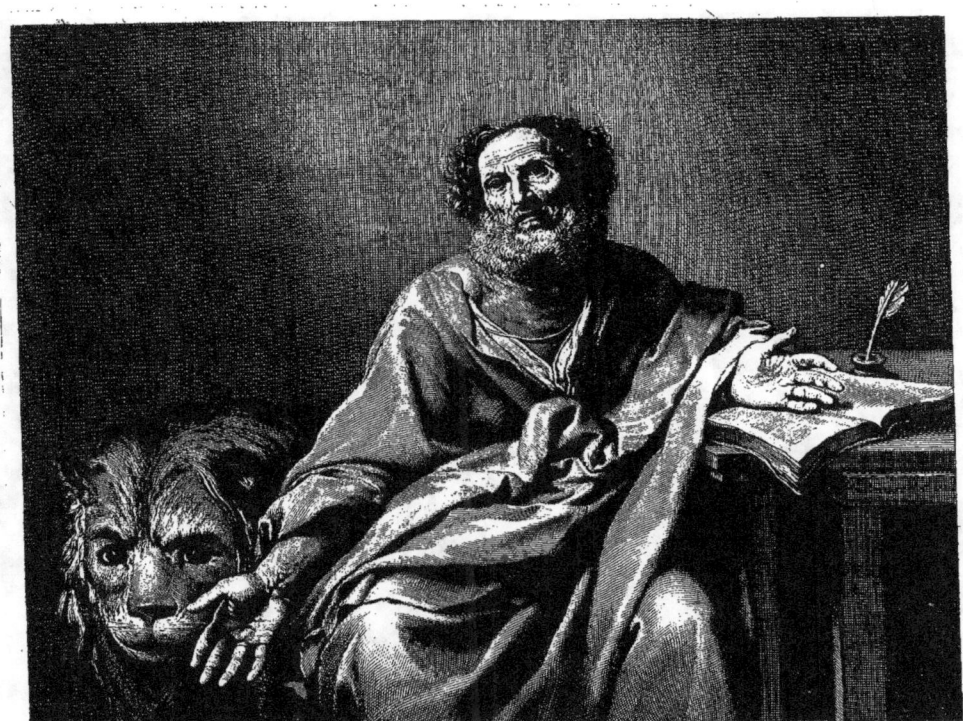

Saincı Marc Euangelistc, graué sur un tableau du valentin
de 3 p. 1 de hault sur 4 p. de large, qui est au Cabinet du Roy.

Sanctus Marcus Euangelista æri incisus ex tabula valentini
alta pedes 3 1 lata pedes 4 asservata in Pinacotheca Regia.

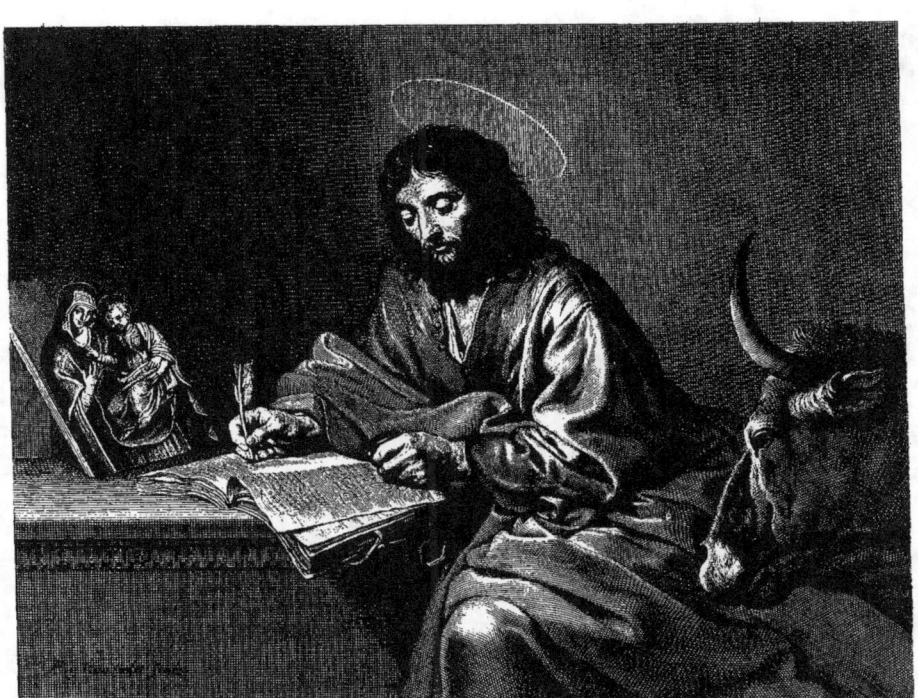

Sainct Luc Euangeliste, gravé sur vn tableau du Valentin   Sanctus Luca, Euangelista, ari incisus ex tabula Valentini
de 3 p.½ de haut, sur 4 p ½ de large, qui est au Cabinet du Roy.   alta pedes 3½ lata pedes 4½ asseruata in Pinacotheca Regia.

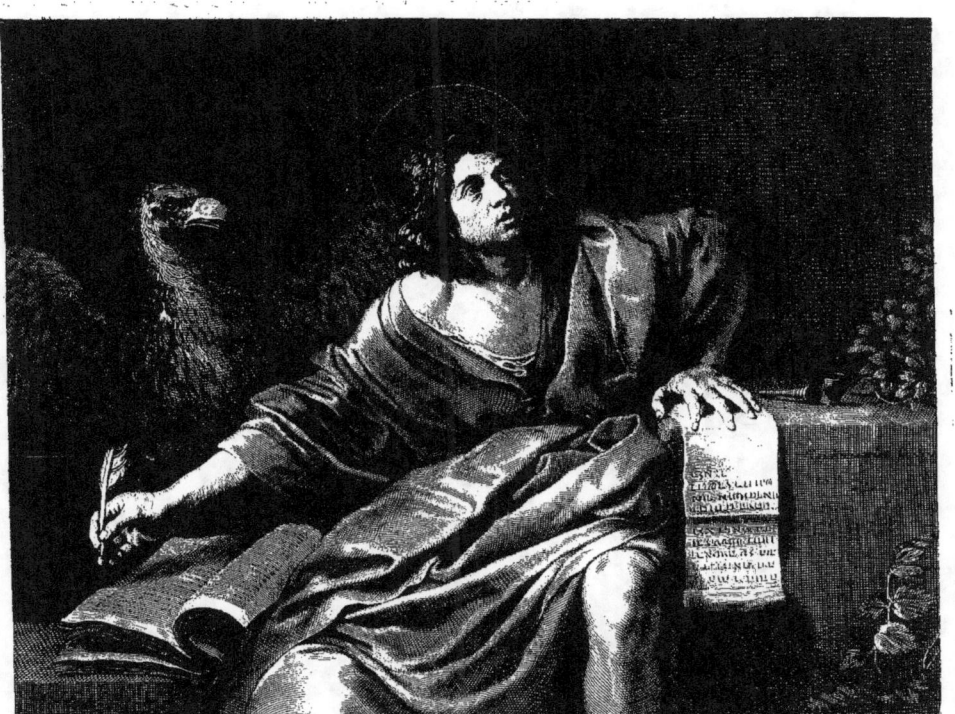

Sainct. Jean. Euangeliste graué sur un tableau du Valentin.
de 3.p.½ de haut sur 4.p.⅓ de large, qui est au Cabinet du Roy.

Sanctus Joannes Euangelista æri incisus ex tabula Valentini
alta pedes 3 p.½ lata pedes 4⅓ asservata in Pinacotheca Regia.

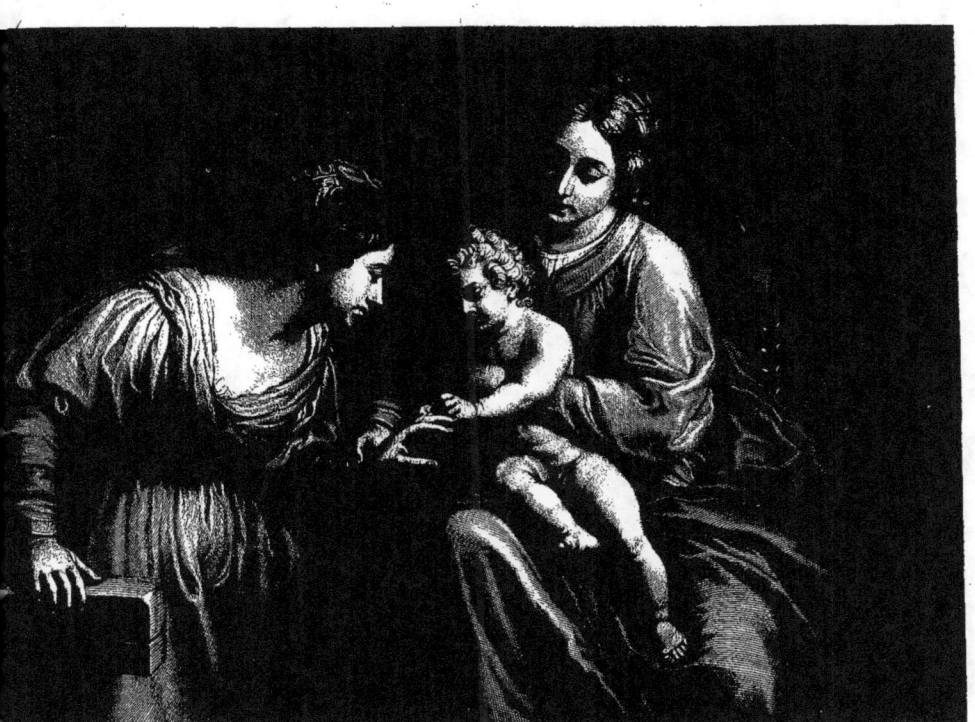

Iesus Christ. espouse Ste Catherine.

Daprès vn tableau d'Alexandre Veronese
qui est dans le Cabinet du Roy, haut de
3 pieds 10 po., sur 5 pieds 3 po. de large.

Catharinam Virginem sibi desponsat Christus.

Ab tabulam Alexandri Veronensis, 3 pedes 10 pol.
altam, latam vero 5 pedes 3 pol. In Pinacotheca
Regia.

G. Scotin Sculps. 1679.

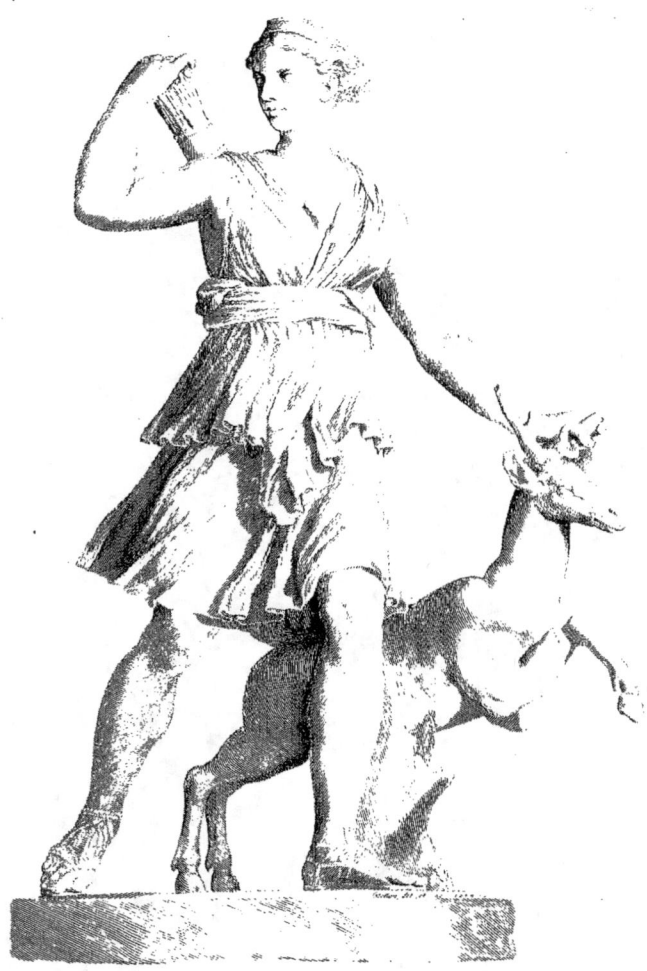

Statue antique de marbre de Diane quon croit estre celle qui a rendu ... oracles a Ephese haulte de 6.p. au palais des Thuilleries.

Dianæ quæ Ephesi oracula ædidisse creditur statua marmorea ... pedes alta 6.in ædibus Regijs vulgo dictis les Thuilleries.

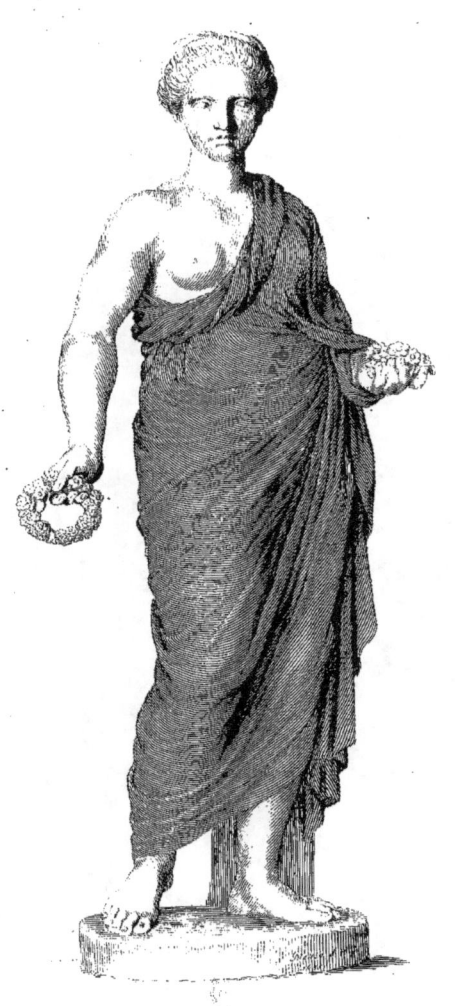

statue antique de marbre de flore haute   flora statua marmorea antiqua, alta 4 pedes 4 p
de 4 pieds 4 p. au palais des Thuilleries   in aedibus regiis vulgo dictis les Thuilleries.

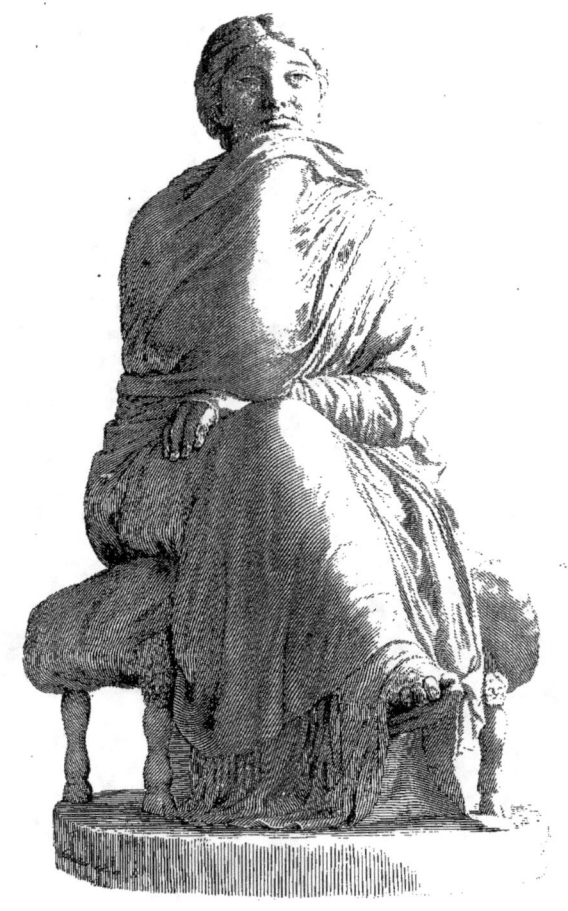

Statue antique de marbre d'Agrippine sortant du bain.
haute de 4. Pieds au palais des Tuilleries.

Agrippinæ balneo exeuntis statua marmorea antiqua
pedes 4. alta in ædibus regijs vulgo dictis les Tuilleries.

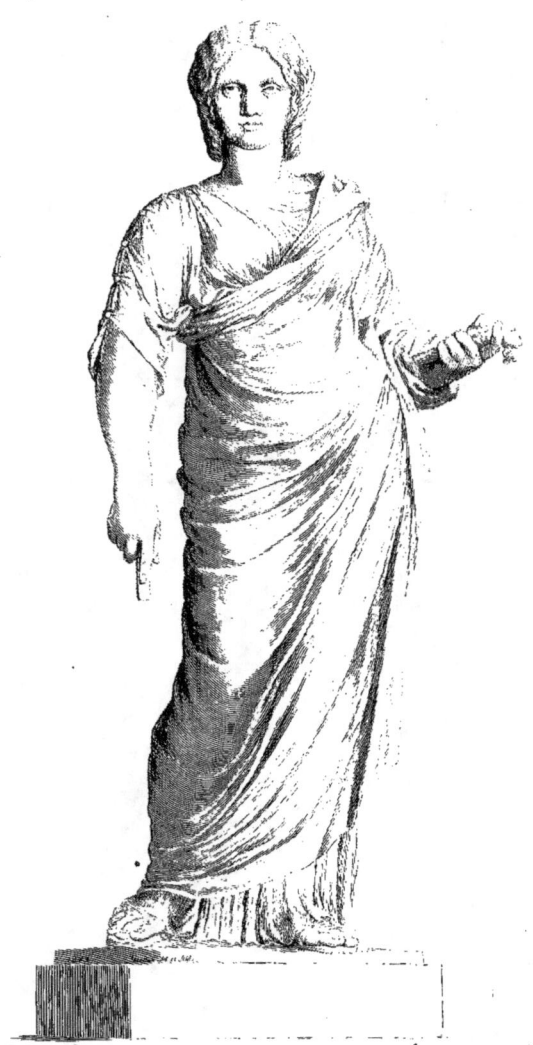

figure antique de marbre haute de 6. pieds.
au palais des Thuilleries.

statua marmorea antiqua alta. 6. pedes
in ædibus Regijs vulgo dictis les Thuilleries.

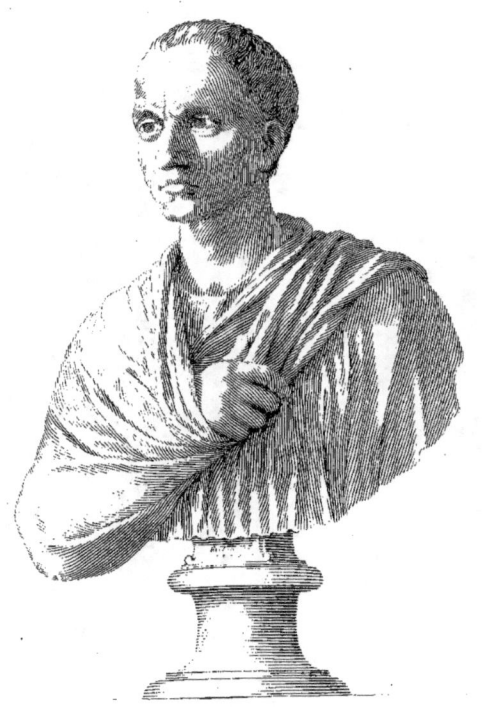

Busto de marbre antique d'un senateur   Senatoris Romani Thorax marmoreus antiquus
Romain   au palais des Thuilleries.   in ædibus regiis vulgo dictis les Thuilleries.

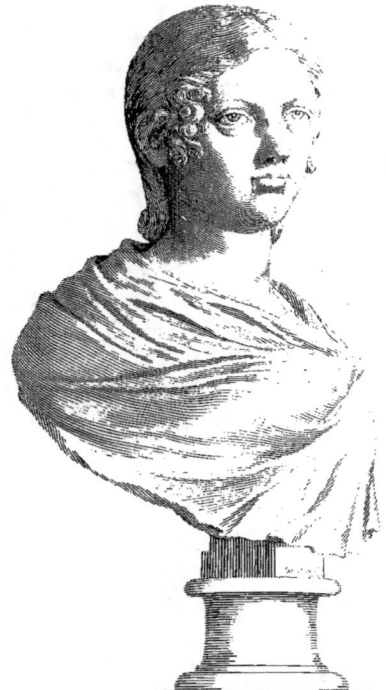

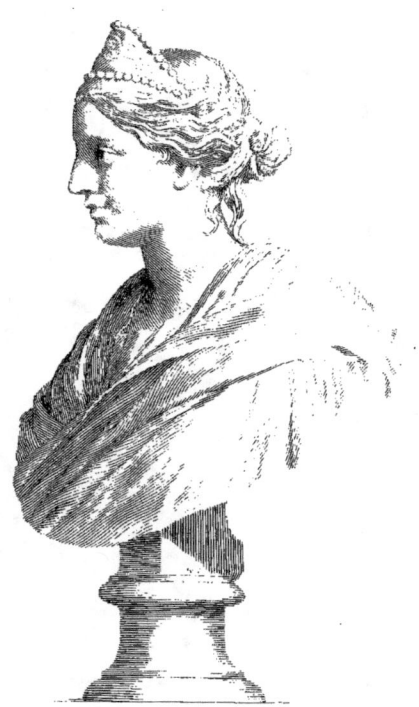

Buste d'une Dame Romaine de marbre antique
Au Palais des Thuilleries.

Mulierum Romanæ Thorax marmoreus antiquus
In ædibus regiis vulgo dictis les Thuilleries.

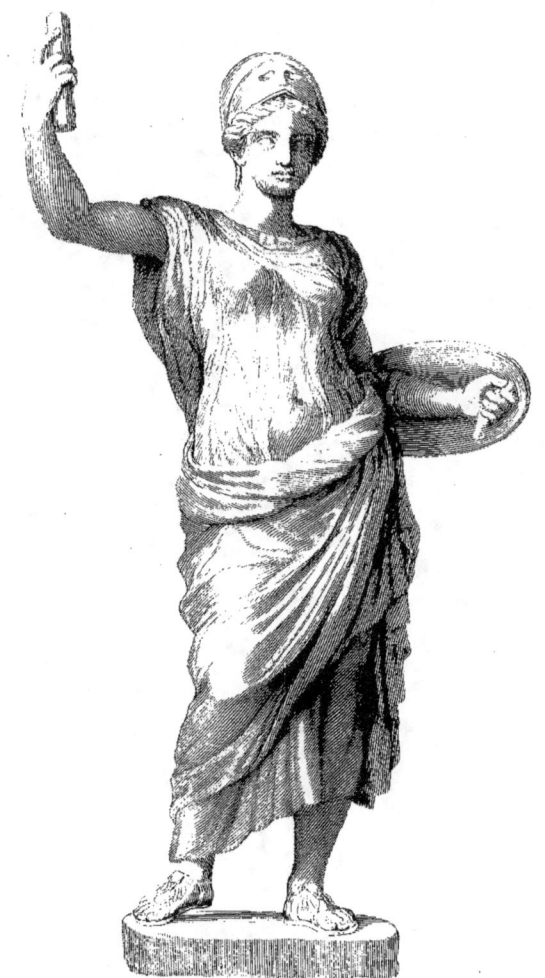

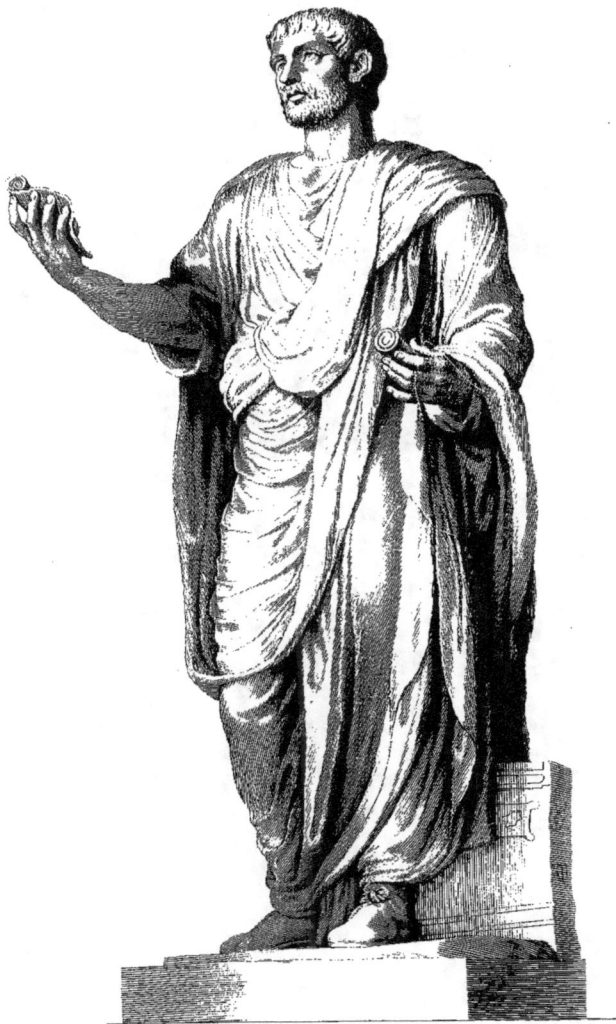

Statue antique de marbre d'un senateur Romain,   Senatoris Romani statua marmorea antiqua,
haute de 6. pieds 2. po. au Louure.   alta 6. pedes 2. po. In Regiâ Luparâ.

S.º Thomassin del. & sc. 1677.

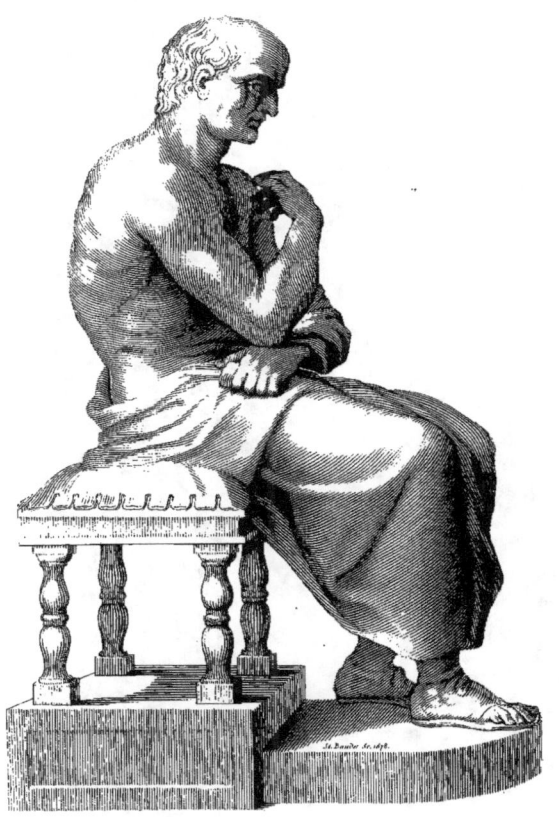

Statue antique de marbre d'un senateur Romain
Sortant du bain.
Au Palais des Thuilleries.

Senatoris Romani è balneo exeuntis Statua
marmorea antiqua.
In Ædibus Regiis, vulgò, les Thuilleries.

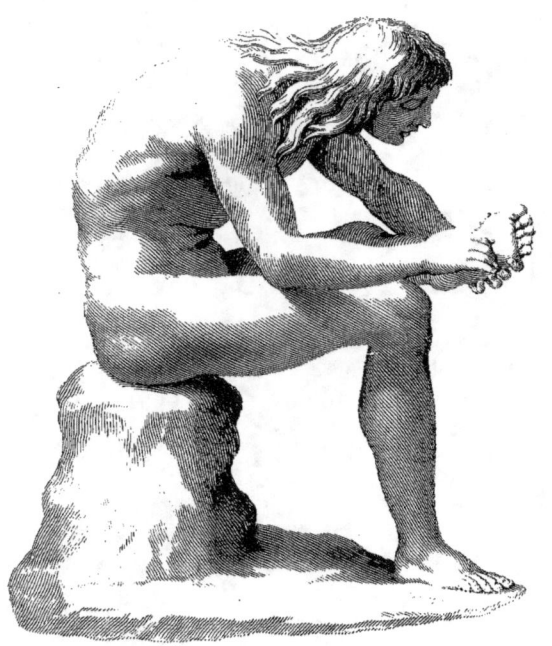

Statue antique de marbre d'un Jeune Homme qui se
tire une epine du pied ayant les cheveux dorez
Au Palais des Thuilleries.

Juuenis Spinam è pede extrahentis Statua
marmorea antiqua, crinibus deauratis.
In ædibus Regiis, vulgò les Thuilleries.

Fr. Sauvier Sculp. 1672.

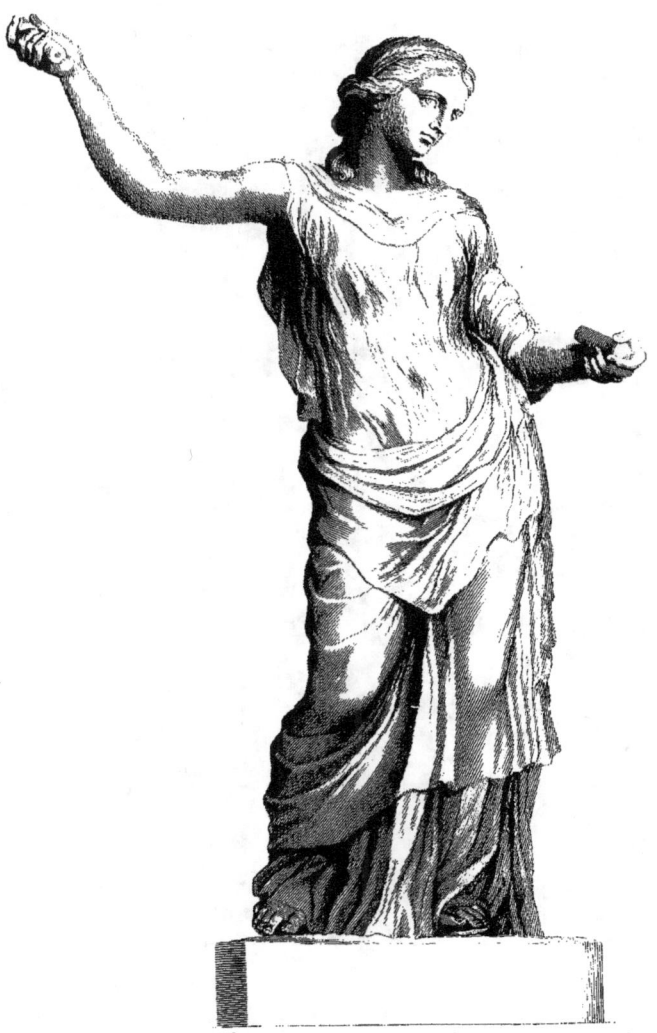

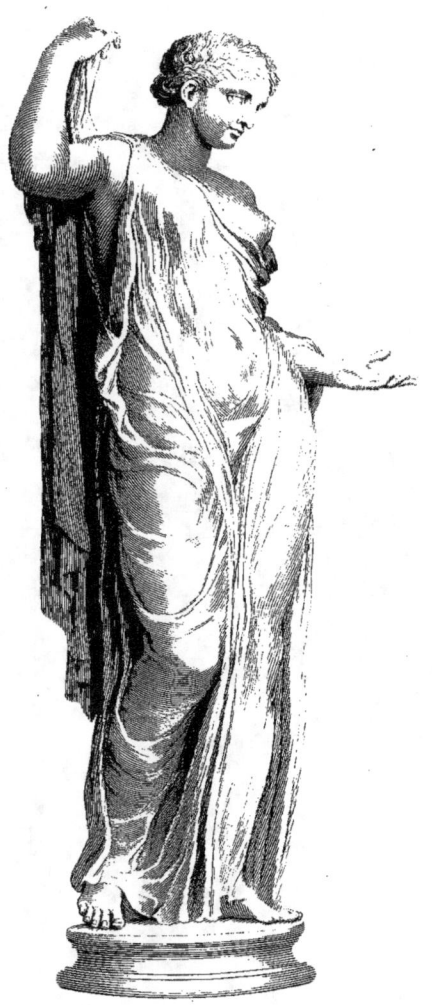

Statue antique de marbre d'une femme, haute de cinq pieds.
Au Palais des Thuilleries.

Fœminæ Statua marmorea antiqua, quinque pedes alta.
In ædibus Regijs, vulgò les Thuilleries.

Sc. Baudet. Sc. 1678.

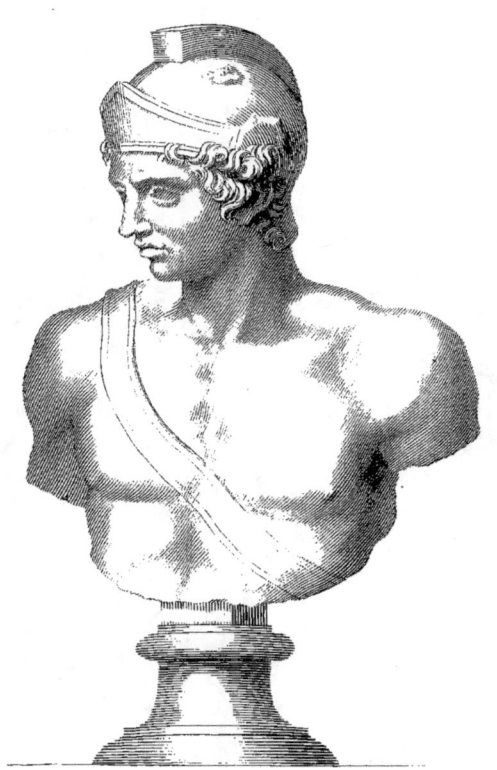

Buste antique de marbre du Dieu Mars,   Martis Thorax marmoreus antiquus,
au Palais des Thuilleries.   In œdibus regiis, vulgò les Thuilleries.

S. Baudet Sculp. 1677.

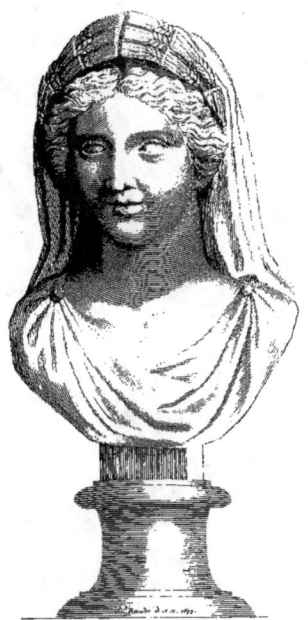

Buste antique de marbre, de Ceres.   Cereris Thorax marmoreus antiquus.
Au Palais des Thuilleries.   In ædibus regiis, vulgo les Thuilleries.

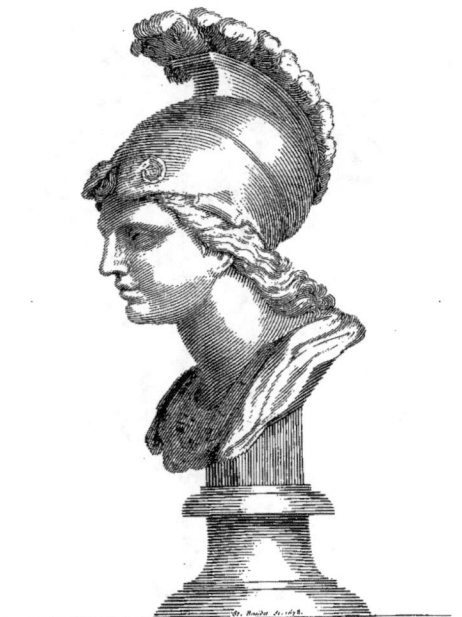

Buste antique de Porphyre, representant une Minerve.   Minerva Thorax Porphyreticus antiquus.
Au Palais des Thuilleries.   In Ædibus regiis, vulgò, les Thuilleries.

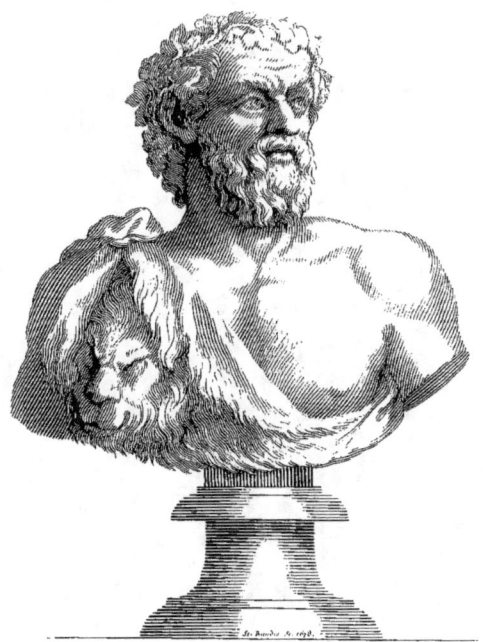

Sc. Baudet Sc. 1698.

Buste antique de marbre, d'un faune.
Au Palais des Thuilleries.

Fauni Thorax marmoreus antiquus.
In Ædibus Regiis, vulgò, les Thuilleries.

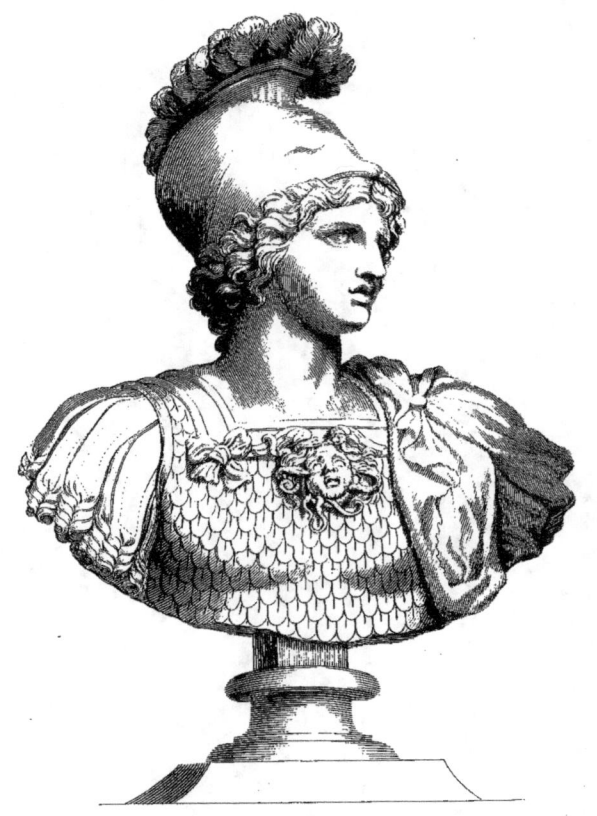

Buste antique de marbre d'Alexandre le Grand.
Au Louvre.

Alexandri magni Thorax marmoreus antiquus.
In Regiâ Luparâ.

Se. Frondts del. n fe. 1677.

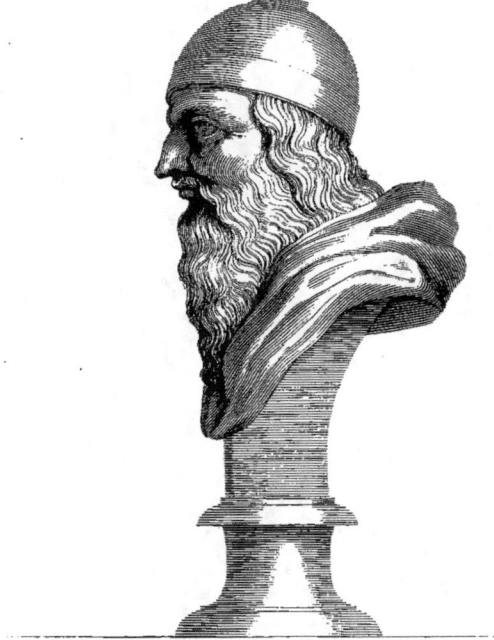

Buste antique d'Aristote, de pierre de touche.
Au Palais des Thuilleries.

Aristotelis Thorax antiquus, è lapide Lydio.
In Ædibus regijs, vulgò les Thuilleries.

A. Hoube. sc. 1678.

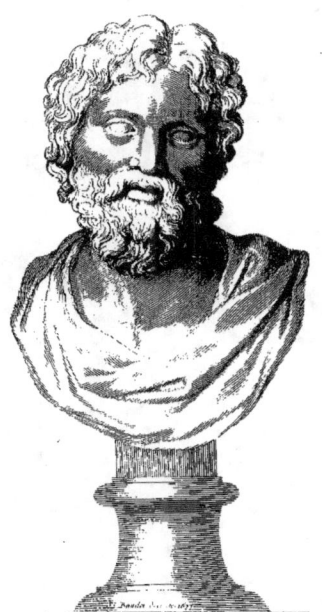

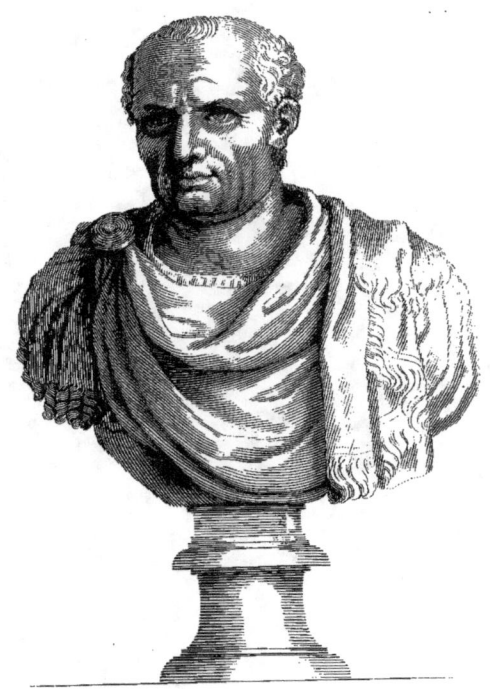

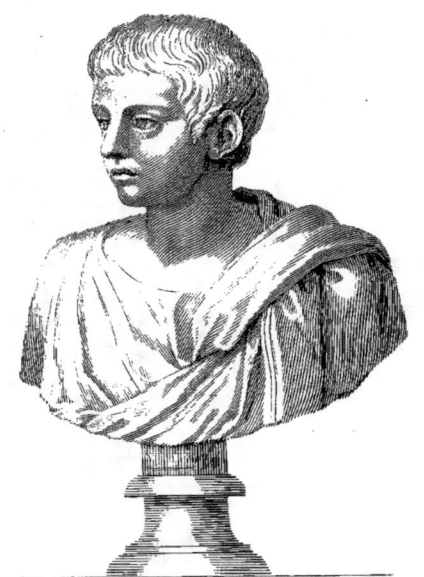

Buste antique de marbre de Lucius César,
fils d'Agrippa et de Julie.
Au Palais des Thuilleries.

Lucij Cæsaris, Agrippæ et Juliæ filij,
Thorax marmoreus antiquus.
In Ædibus Regijs vulgò les Thuilleries.

St. Baudet sc. 1678.

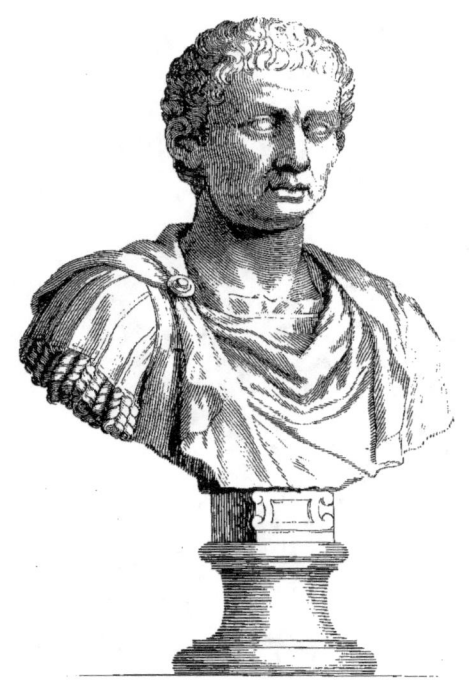

Buste antique de marbre, de
l'Empereur Trajan.
au Palais des Thuilleries.

Trajani Imperatoris Thorax
marmoreus antiquus.
In ædibus Regiis, Vulgo les Thuilleries.

St. Baudet, sculps. 1680.

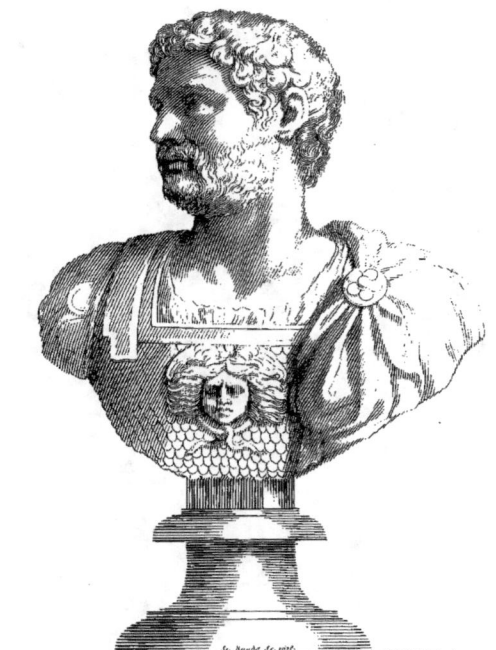

Buste antique de marbre de l'Empereur Hadrian.   Hadriani Imp. Thorax marmoreus antiquus.
         Au Palais des Thuilleries.   In Ædibus Regiis, vulgò, les Thuilleries.

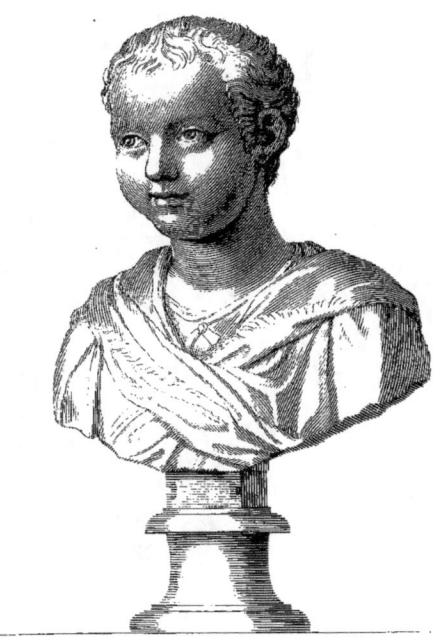

Buste antique de marbre, d'Annius
Verus fils de l'Emp. Marc Aurele.
au Palais des Thuilleries.

Annii Veri, Marci Aurelij Imp. filij
Thorax marmoreus antiquus.
In Ædibus Regiis, vulgò les Thuilleries.

A. Reindel sc. 1819.

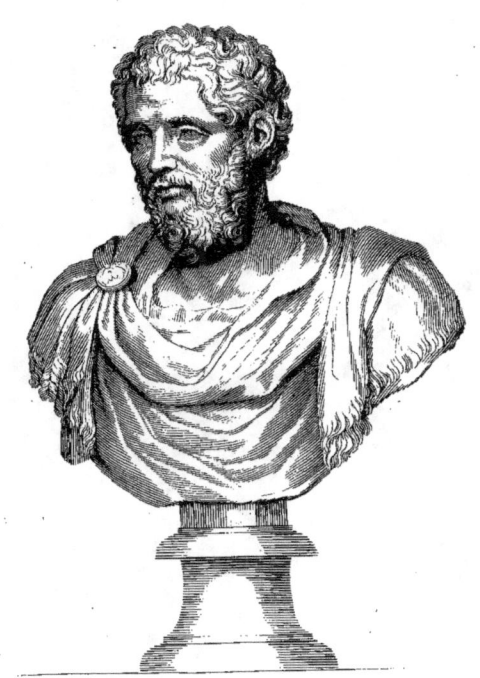

Buste antique de marbre de l'Empereur Severe.
Au Palais des Thuilleries.

Severi Imperatoris Thorax marmoreus antiquus.
In Ædibus Regiis, vulgò les Thuilleries.

St. Fessard sc. 1674.

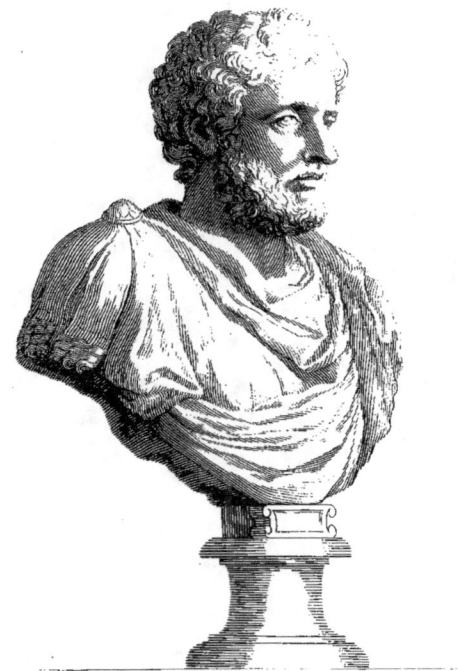

Buste antique de marbre de
l'Empereur septimius severus.
au Palais des Thuilleries.

Septimii Severi Imperatoris
Thorax marmoreus antiquus.
In ædibus Regiis prope les Thuilleries.

S. Vanda del. et fc. 1681.

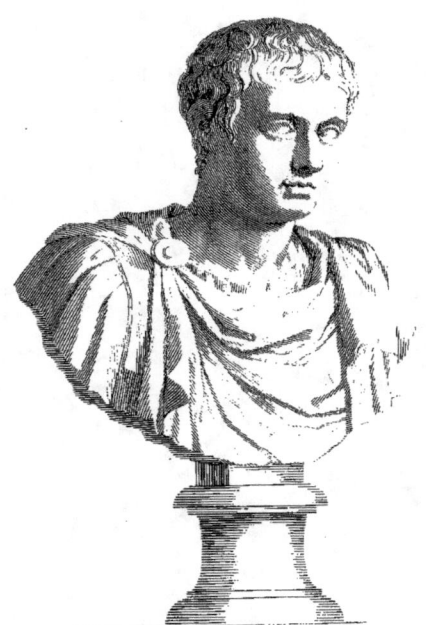

Buste antique de marbre, de
Geta frere de Caracalle.
Au Palais des Thuilleries.

Geta, Caracallæ Imp: fratris Thorax
marmoreus antiquus
In Ædibus Regiis, vulgò les Thuilleries.

S. Baudet Sculps 1079.

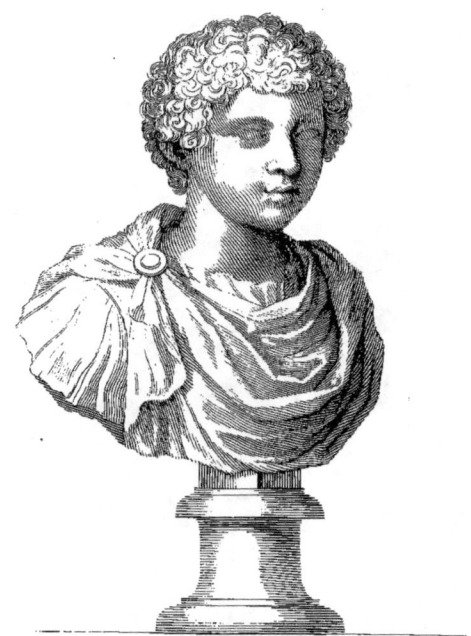

Buste antique de marbre du
Jeune Geta
au Palais des Thuilleries.

Getæ Junioris Thorax marmoreus
antiquus
In ædibus regiis, vulgò les Thuilleries.

Steph. Baudet Sculp: 1682.

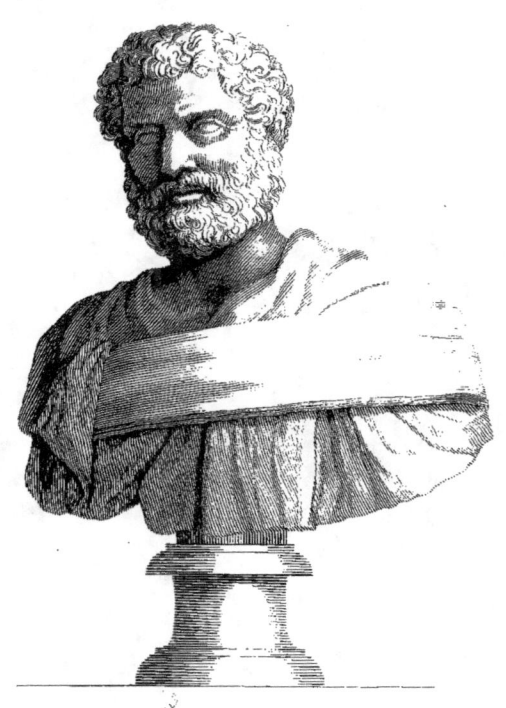

Buste antique de marbre,
de Claudius Albinus
au Palais des Thuilleries

Claudii Albini Thorax
marmoreus antiquus.
In ædibus Regiis, vulgò les Thuilleries.

A. Beaulieu del. et sc. 1681.

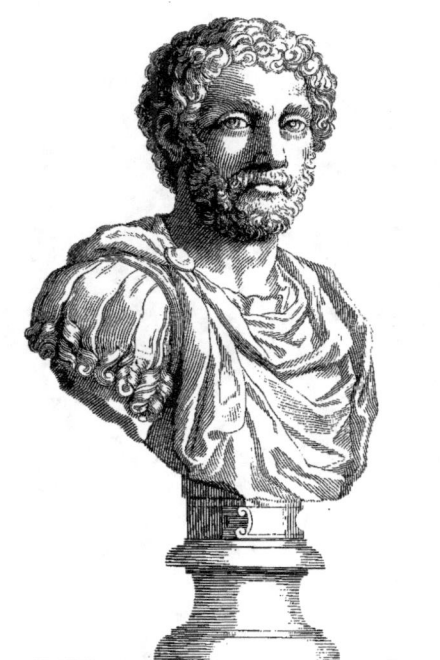

Buste antique de marbre.

au Palais des Thuilleries.

Thorax marmoreus antiquus.

In Ædibus Regiis, vulgo les Thuilleries.

M. Bouda del. g. Sc abt.

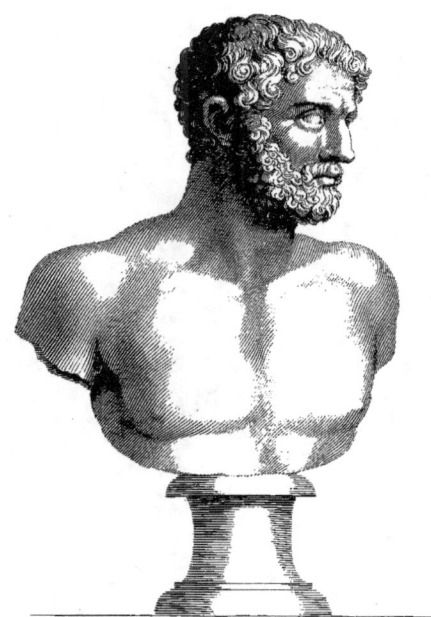

Buste antique de bronze.

au Palais des Thuilleries.

Thorax aeneus antiquus.

In Ædibus Regijs, vulgò les Thuilleries.

fi. Baudet sculps 1699

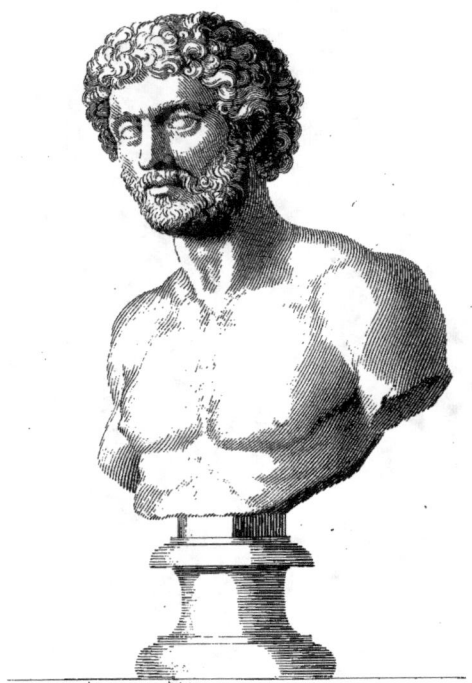

Buste antique de marbre.   Thorax marmoreus antiquus.

Au Palais des Thuilleries.   In ædibus Regiis, vulgò les Thuilleries.

                                                                    de Bandet del. et fecit.

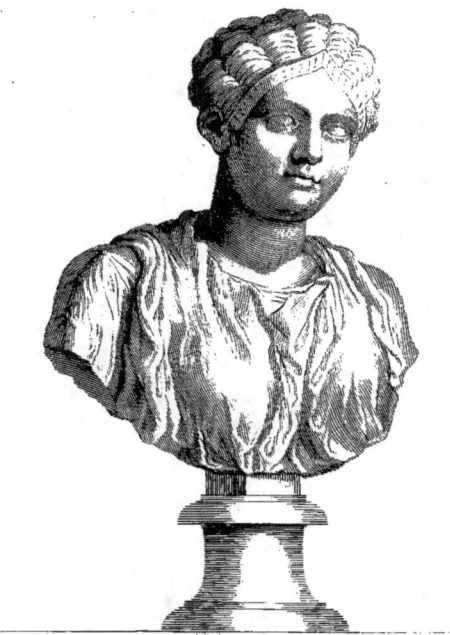

Buste antique de marbre, de
Marcella femme d'Agrippa.
Au Palais des Thuilleries.

Marcella, Agrippæ uxoris, Thorax
marmoreus antiquus
In Ædibus Regijs, vulgò les Thuilleries.

St Fauda Sculp. 1679.

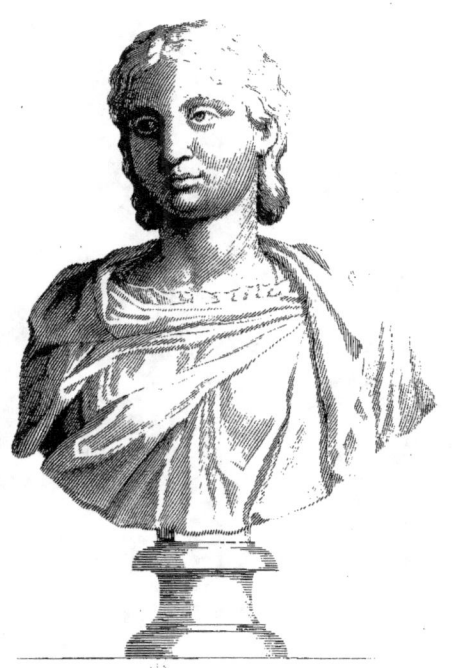

Buste antique de marbre de Drusilla
femme de Drusus fils de Tibere.
au Palais des Thuilleries.

Drusilla Drusi Tiberii filii Uxoris
Thorax marmoreus antiquus.
In ædibus Regiis vulgo les Thuilleries.

S. Bouchet del. et sculp.

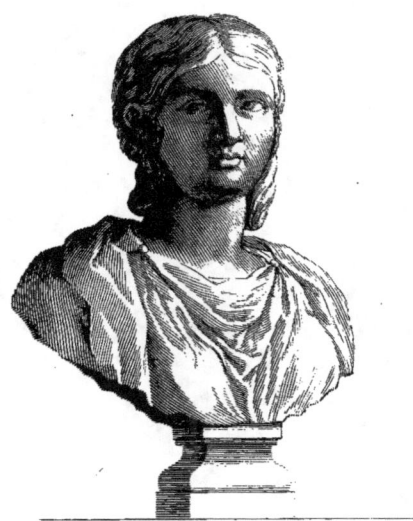

Buste antique de marbre, de Julia Domna,
femme de l'Emp.ʳ Sept. Severus.
au Palais des Thuilleries.

Julia Domna, Sept. Severi Imp. uxoris,
Thorax marmoreus antiquus.
In ædibus reg. Vulgo les Thuilleries.

H. Baudet sc. 1680.

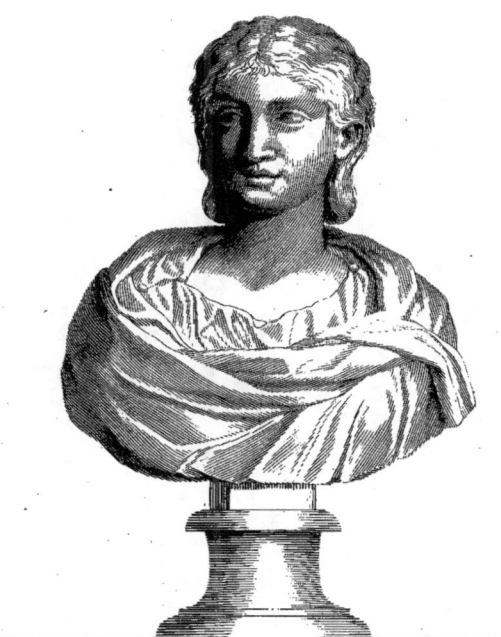

Buste antique de marbre de Julia
Soemias Mere d'Heliogabale.
Au Palais des Thuilleries.

Juliæ Soemiæ, Heliogabali Matris,
thorax marmoreus antiquus.
In Ædibus Regiis, vulgò les Thuilleries.

S. Bault fc. 1679.

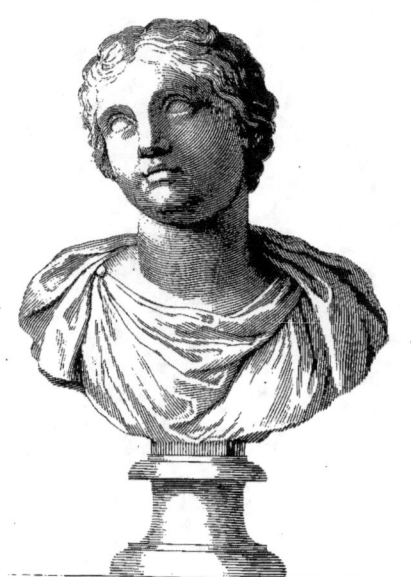

Buste antique de marbre d'vne Dame
Romaine, du temps d'Alexandre.
Au Palais des Thuilleries.

Matronæ Romanæ, Alexandri Seueri Imp.
temporibus, Thoraæ marmoreus antiquus.
In ædibus Regiis, Vulgò les Thuilleries.

St. Bauda. sc. 1680.

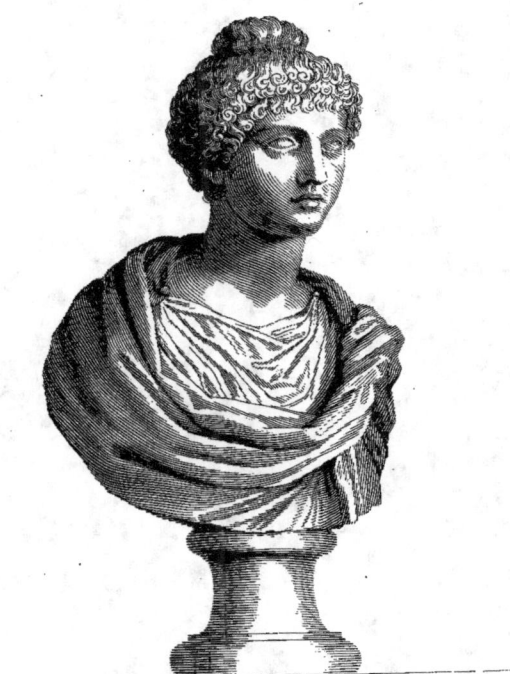

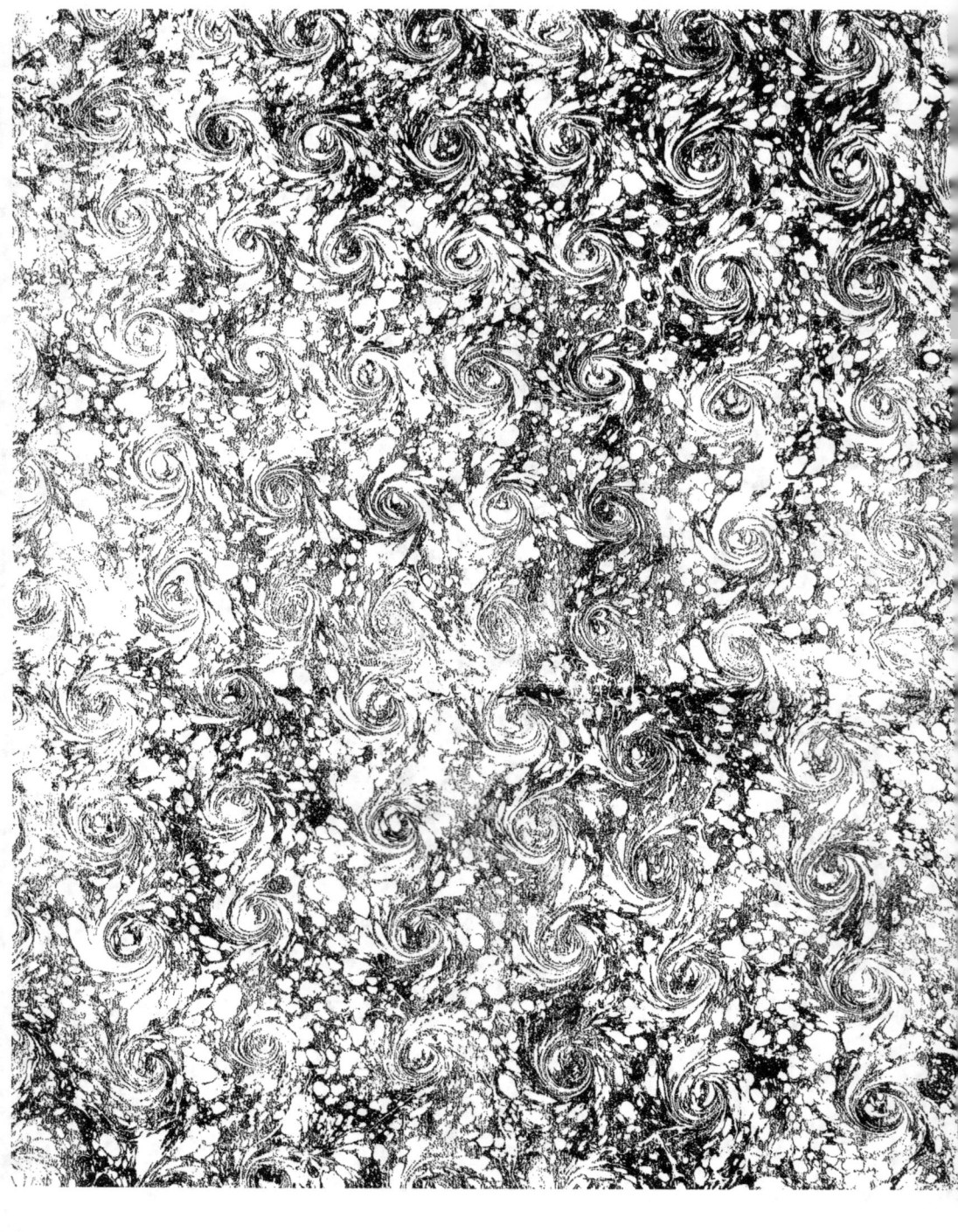

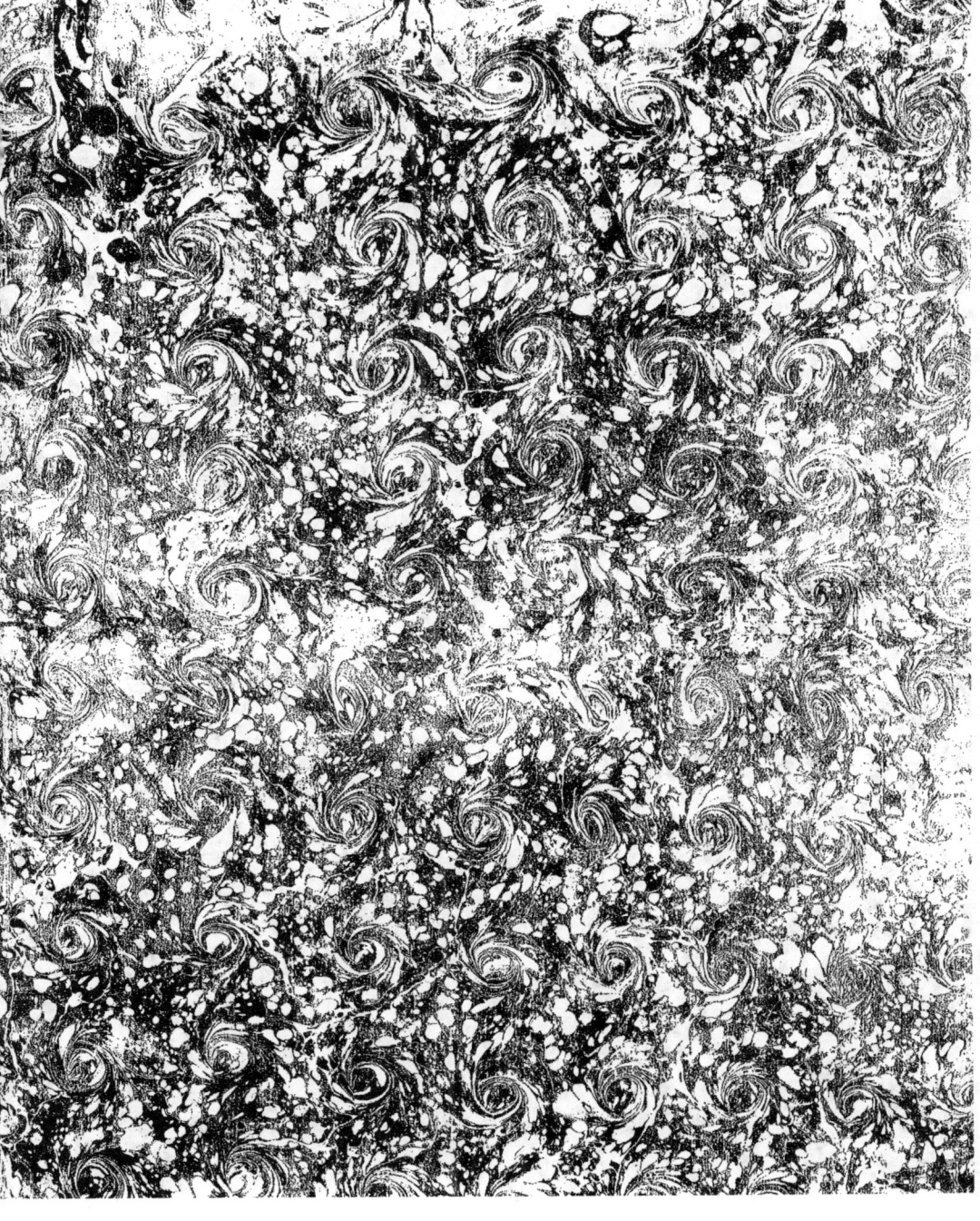

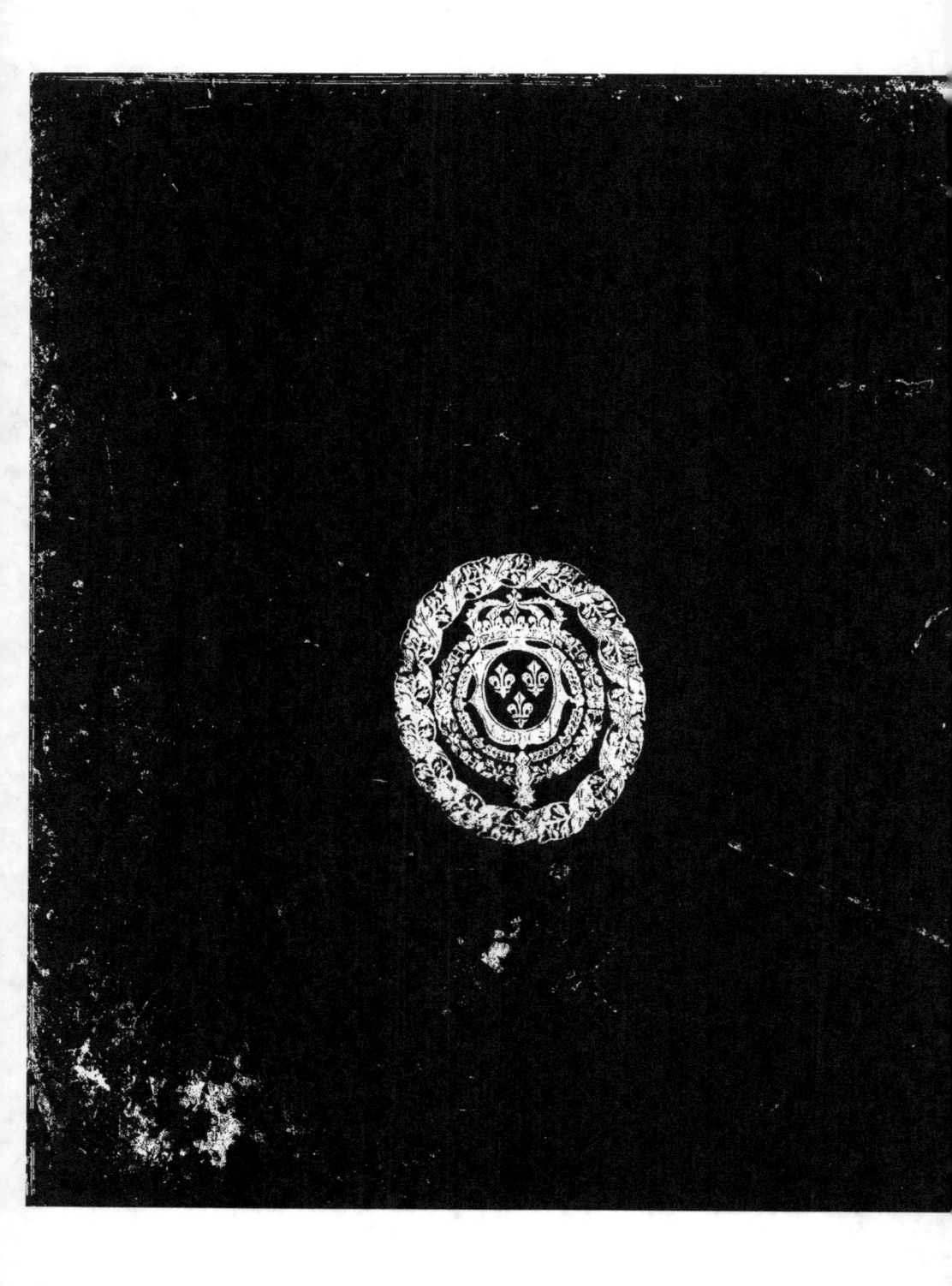